上海中侨职业技术学院内涵建设项目

拔河实用教程

BAHE SHIYONG JIAOCHENG

平杰　杨德明 主编

上海辞书出版社

编写人员

主　　编　平　杰　杨德明

副 主 编　张元梁　郭修金

编　　委　蔡　皓　薛　原　黄良平　从　群

刘国荣　柏慧敏　蒋丞稷　吴志坤

王吉亮

致谢

本书的编写得到众多拔河同仁和学者的热诚帮助，并参阅了有关研究资料，谨致以衷心的感谢！由于本书编写匆忙，在编写过程中肯定有疏漏或不当之处，敬请各位同仁专家不吝赐教、指正。

感谢上海体育学院对本书出版的大力支持！

序 | PREFACE

拔河运动源远流长。据考证，世界拔河运动有多处源头。史料记载，中国拔河运动可追溯到春秋战国时期的楚国(前1115—前223)，至今已有2 200多年的历史。欧洲是现代竞技拔河的发源地，拔河运动起源于公元1000年左右。

开展拔河运动，因技术战术、比赛场地、设备器材和竞赛规则等要求相对简单，且参加人员不受年龄、性别和气候环境限制，深受世界各地人们喜爱。在我国，特别是中华人民共和国成立以来，党和政府高度重视人民群众健身健康，重视体育文化的传承和发展，各级各类机关学校、厂矿企业、部队农村等部门或单位积极组织开展拔河运动，拔河运动逐步形成了比较完整的项目体系，体现了集健身、娱乐、竞技、观赏于一体的项目特征和文化魅力。进入新时代，全民健身上升为国家战略，在建设现代化体育强国背景下，拔河运动迎来了新的发展机遇，也展现出美好的发展前景。

在我国开展的体育活动中，拔河是为数不多的既有中国渊源，又在国际、国内广泛开展，还曾经进入过奥运会的项目；是一个精神内涵丰富、观赏性强、锻炼价值高的项目；是一个社会比较关注、市场潜力巨大的项目。

但从发展历程来看，我国拔河项目在理论和实践方面的研究起步相对较晚，水平也相对滞后。所以，借鉴国内外拔河项目研究成果和优秀经验，对拔河项目的历史渊源、发展现状、技术和战术、竞赛规则、训练方法等进行系统梳理，探索拔河运动基本规律，阐释拔河运动新技术新战术，凝练拔河项目教学新方法新手段，无疑将为拔河运动进一步普及与发展提供帮助，对丰富我国数千年的传统体育文化起到重要作用。而《拔河实用教程》正可起到这样的作用。

是为序。

中国拔河运动协会会长：何珍文

2019年3月

目录 CONTENTS

第一章　拔河运动概述

第一节　世界拔河运动的起源与发展

一、世界拔河运动的起源

拔河是一项古老的运动，据可考的史料记载，迄今为止，最早关于拔河运动的记录出现在公元前 2500 年埃及的墓内壁画上，其中记录拔河的画面为：两队相向站立，各队的第一人相互紧握手臂，两脚前后站立，前脚相互抵住，其余人员依次紧拉前一队友的腰部用力往后拉。目前，在埃及民间这种形式的拔河运动仍有流传。在人类发展早期，拔河运动主要用于庆祝和祭祀活动，以祈祷来年的丰收，因此与当时的宗教典礼息息相关。直到 15 世纪，拔河运动逐步由宗教节日典礼活动向强身健体的体育竞技项目转变，成为当时非常流行的体育竞技项目，曾在法国城堡及大花园锦标赛上作为竞技项目，后来又成为英国的锦标项目。

二、世界拔河运动的发展

在近代，拔河运动不断发展，逐步走向竞技赛场，并在 1900 年第二届法国巴黎奥林匹克运动会上，首次被列为奥运会正式比赛项目。尔后，在第三至五届奥运会上均被列为正式比赛项目。第六届奥运会因受第一次世界大战影响而停办，直到 1920 年第七届比利时安特卫普奥运会时，由于在竞赛规则和比赛条件等多方面因素存在较多争议，拔河运动不再被列为奥运会正式比赛项目。然而，拔河运动在世界各地的普及和发展并未因此而停滞，其中英国和瑞典是积极倡导将拔河运动推向国际竞技舞台的代表国家。1933 年，瑞典首先成立国家拔河协会，尔后，英国、荷兰、法国等 14 个欧洲国家相继成立各自的国家拔河协会。

1960 年，英国与瑞典两国拔河队在英国举行了国家间的邀请赛，而当时两国的拔河比赛规则差别较大。按照瑞典的比赛规则，要求运动员两脚在事先在场地上挖好的土坑内固定不动，依靠两手交替拉动绳子来拉动对方，并根据 2 分钟内一方拉动另一方的距离决定胜负。而英国的比赛规则同现代拔河比赛规则相似，运动员两手握绳，依靠两脚的蹬地发力和交替移动来拉动对方，且比赛没有时间限制。在此次比赛中，经两国协商决定根据英国的比赛规则制定国际拔河竞赛规则，并成立国际拔河联合会（Tug of War International Federation，缩写 TWIF），简称“国际拔联”，新成立的国际拔联通过了第一个国际拔河竞赛规则。

随后地区性和世界性的拔河比赛陆续举办，1964 年在瑞士举行首届欧洲拔河锦标赛，1965 年在波罗的海运动会上举办了首届国际拔河竞赛，国际拔联于 1975 年在荷兰举办首届世界拔河锦标赛。1980 年，日本成立国家拔河协会，并根据国际拔联的竞赛规则，制定了室内拔河竞赛规则。1982 年，鉴于日本所制定的室内拔河竞赛规则的较多优点，国际拔联提议将国际拔河比赛改在室内硬地举行。1989 年，国际拔联将国际拔河竞赛规则正式修订为包含室内和室外竞赛规则，1990 年在荷兰举办首届世界（室内）拔河锦标赛①②。

目前，总部设在荷兰的国际拔联的成员国已发展到 69 个，由国际拔联组织的世界拔河公开对抗赛和世界拔河锦标赛，每年分室内和室外轮流举行。正式国际比赛中的分类，按照场地分为室内和室外；按照性别分为男子、女子和混合组；按照年龄分为成年组（男子 18 岁以上，女子 16 岁以上）、U23 组（男子 18～22 岁，女子 16～22 岁）和青少年组（15～18 岁）；正式国际比赛要求每队 8 人，按全队运动员的总体重分为不同重量级别。2002 年，国际拔联正式被国际奥委会承认。多年来，国际拔河联合会一直努力发展拔河项目，争取使拔河运动重新回归奥运赛场。

目前，国际八人制拔河的主要国际比赛和类别如表 1-1 和表 1-2 所示。

---

① 刘卫，阮捷.拔河比赛的起源、发展及获胜技巧[J].体育成人教育学刊，2004，20(3)：59-60.

② 崔加秀，王其慧.拔河的起源与发展[J].武汉体育学院学报，1984(3)：86-88.

表 1-1　国际八人制拔河主要赛事

赛会名称	举办频次	首届的举办时间及地点
世界拔河运动会	4 年	1981 年　美国
世界(室外)拔河锦标赛	2 年	1990 年　英国
世界(室内)拔河锦标赛	2 年	1990 年　荷兰
欧洲拔河锦标赛	2 年	1964 年　瑞士
大洋洲拔河锦标赛	2 年	1999 年　纳米比亚
亚洲拔河锦标赛	2 年	1996 年　日本

表 1-2　国际八人制拔河比赛主要类别

体重级别限制	年龄	性别	比赛场地	地域范围
480 公斤级(不超过)	青少年	女子	室内/室外	世界
500 公斤级(不超过)	U23	女子	室内/室外	世界
500 公斤级(不超过)	成年	女子	室内/室外	世界
520 公斤级(不超过)	成年	女子	室外	欧洲
540 公斤级(不超过)	成年	女子	室内/室外	世界
560 公斤级(不超过)	成年	女子	室外	欧洲
560 公斤级(不超过)	青少年	男子	室内/室外	世界
560 公斤级(不超过)	成年	男子	室内/室外	世界(室内)、欧洲(室外)
580 公斤级(不超过)	成年	男子	室外	世界
600 公斤级(不超过)	U23	男子	室内	世界
600 公斤级(不超过)	成年	男子	室内	世界
640 公斤级(不超过)	成年	男子	室内/室外	世界/欧洲
680 公斤级(不超过)	成年	男子	室内/室外	世界(室内)、欧洲(室外)
700 公斤级(不超过)	成年	男子	室外	世界
720 公斤级(不超过)	成年	男子	室外	欧洲
600 公斤级(不超过)	成年	男女 4×4	室内/室外	世界
不限重量				

第二节 中国拔河运动的起源与发展

一、中国拔河运动的起源

拔河是中国古老的体育游戏，有关记载最早可追溯到春秋战国时期楚国和越国间的水战，距今有两千多年的历史。战国时期《墨子·鲁问》中记载的战器"钩强"是中国最早与拔河有关的记载："公输子自鲁南游楚，焉始为舟战之器，作为钩强之备，退者钩之，进者强之，量其钩强之长，而制为之兵。楚之兵节，越之兵不节，楚人因此若势，亟败越人。"①发明"钩强"的是中国古代著名工匠公输班，当时楚越两国进行水上作战，楚国位于上游，易于顺流进攻，而难于后退；越国位于下游，难于逆流进攻，而易于后退。公输班为楚国设计的"钩强"可以在双方交战中钩住越国船只进行有效攻击或防御。在水战中占据优势时，可以利用钩强钩住越国船只，将其拉向本方，防止其顺流逃跑，当靠近敌方船只时，还可以与其进行近兵交战，此被称为"钩"；在战况不利时，要抵制敌方船只的靠近，则改为用硬质长杆顶住敌方船只，此被称为"强"。这种用于进攻或防守的兵器即为"钩强"②③。

六朝时期开始，"钩强"逐渐演变为民间娱乐和节日庆典活动，"强钩之术"变为"施钩之戏"，隋朝时又被称作"牵钩之戏"，逐步成为拔河的雏形。在南朝梁代宗懔著的民间史籍《荆楚岁时记》中有记载："打毬、秋千、施钩之戏。施钩之戏，绠作篾缆，绵直数里，鸣鼓牵之。"《隋书·地理志下》也有记载："二郡（南郡、襄阳）又有牵钩之戏，云从讲武所出。楚将伐吴，以为教战，流迁不改，习以相传。钩初发动，皆有鼓节，群噪歌谣，振惊远近。俗云以此庆胜，用致丰穰。"④"牵钩之戏"通常在古代的寒食节期间举行，用两端装有许多小钩子的竹缆分两队进行拉拔。比赛中人们高呼呐喊，击鼓助威，欢歌笑语，场面宏大壮观。

在唐代，"牵钩之戏"被正式更名为"拔河"，中国古代拔河在此时期达到鼎

---

① 《墨子·鲁问》，四部备要本，中华书局.

② 陈小英，商执娜.中国古代"拔河戏"考略[J].体育科技文献通报，2009，17(11)：89-90.

③ 张剑光.古代的拔河运动[J].兰台世界，2010(17)：59-60.

④ 《隋书·地理志》，中华书局 1973 年点校本.

盛，不管是参与人数、阶层、规模等，都呈现出前所未有的兴盛[①]。《封氏闻见记》中记载："拔河，古谓之牵钩。襄汉风俗，常以正月望日（即正月十五）为之。相传楚将伐吴，以为教战。梁简文临雍部，禁之而不能绝。古用篾缆，今民则以大麻絙，长四五十丈，两头分系小索数百条，挂于前。分二朋，两向齐挽。当大絙之中，立大旗为界，震鼓叫噪，使相牵引。以却者为胜，就者为输，名曰拔河。"[②③]即"牵钩之戏"是襄阳和汉水一带的地域风俗，在每年的正月十五元宵节期间举行。早期牵钩之戏用竹缆，后改为长四五十丈的麻绳，麻绳中间插有大旗作为标记，大旗两边各有两条河界线，以河界线为标准判定胜负，比赛分两队进行。比赛开始后双方相互拉扯绳子，围观人们击鼓欢呼，因而"牵钩之戏"被称为"拔河"。场面壮观的拔河比赛也成为统治阶层彰显国势强盛的手段，唐玄宗曾邀请各国使节观看当时的拔河比赛。《封氏闻见记》载："玄宗数御楼，设此戏，挽者至千余人，喧呼动地。蕃客士庶观者，莫不震骇。"河东进士薛胜在《拔河赋》中写道："皇帝大夸胡人，以八方平泰，百戏繁会，令壮士千人，分为二队，名拔河于内，实耀武于外。"唐代张说在《奉和观拔河应制》中写道："今岁好拖钩，横街敞御楼；长绳系日住，贯索挽河流；斗力频催鼓，争都更上筹；春来百种戏，天意在宜秋。"对当时拔河比赛的宏大场面以及拔河绳索之长进行了描述[④]。在当时，拔河既是一项群众性的体育运动，同时也是人们为祈求来年丰收、风调雨顺的民间庆典活动。唐玄宗在《观拔河俗戏》中谈道："俗传此戏，必致丰年。"诗曰："壮徒恒贾勇，拔拒抵长河。欲练英雄志，须明胜负多。噪齐山岌嶪，气作水腾波。预期年岁稔，先此乐时和。"牵钩之戏作为一项民间体育竞技游戏，唐代以前一般在正月十五举行，到唐代以后，逐步改为在清明、中秋、寒食等节日也同样举行拔河比赛，拔河运动的影响逐步从民间扩大至宫廷之中，拔河运动在达官贵人中也逐步得到普及推广。当时的拔河比赛不仅表达人们祈求国泰民安的愿望，还增添了节日的欢乐气氛，因而非常流行[⑤]。

---

① 林琳.拔河的起源和唐代拔河运动[J].文史杂志，2001(5)：62-64.

② 赵贞信.《封氏闻见记校注》，卷六.

③ 徐家兴，程春喜.楚"牵钩之戏"考[J].武汉商业服务学院学报，2007，21(3)：82-85.

④ 崔加秀，王其慧.拔河的起源与发展[J].武汉体育学院学报，1984(3)：86-88.

⑤ 毛运海.论体育起源多元性与襄汉拔河运动[J].襄樊职业技术学院学报，2008，7(4)：135-137.

唐代以后，史籍中关于拔河的资料记载较为鲜见。宋代梅尧臣在《江学士画鬼拔河篇》中记载："分明八鬼拔河戏，中建二旗观却前。"晚清时期，拔河游戏在民间仍有流行。《洮州府志·风俗》记载："每岁正月元旦及岁时各节，皆无异俗。惟正月初五午后，有扯绳之戏。其俗在东西门外河滩。以大麻绳作两二股，长数丈。另将小绳均挂大绳之末。分上下二朋，两钩齐挽。少壮威，牵绳首，极力扯之。老弱旁观。鼓噪声可撼岳。以西城门为界，上下齐扯。凡家居上者，上扯；家居下者，则下扯。胜者踊跃欢呼，负者颇为失意。其说，以为扯势之胜负，即以占年丰欠焉。相沿已久，不知自按襄汉拔河之举、上古牵钩之俗？"清朝末年，西方的拔河运动传入，中国古代的拔河形式逐渐被取代，中国甘肃甘南藏族自治州临潭县的万人扯绳（拔河）赛相传已有 600 多年的历史，是目前规模最大的古代拔河形式。

二、中国现代拔河运动的发展

拔河运动在我国具有悠久的历史和广泛的群众基础。中华人民共和国成立以后，拔河项目得到全面普及，各类机关、学校、厂矿企业乃至部队等部门组织集体活动时，往往都有形式多样的拔河赛事。改革开放以来，拔河逐步从民间走向赛场，向正规的比赛项目发展，成为比较成熟的集健身性、娱乐性、竞技性、观赏性于一体的广大人民群众喜闻乐见的运动项目。1997 年，国家体育总局开始着手规范拔河项目，并于 2003 年正式出版了竞赛规则和裁判法，培养了一批拔河裁判员和教练员，为拔河运动技术水平的进一步提高和健康发展打下了坚实基础。2005 年 9 月，国家民政部正式批复同意成立中国拔河协会，2006 年中国拔河协会正式成立。

目前，我国的拔河运动正逐步跨出国门，走向世界，我国多次举办和参加国际拔河赛事并取得优异成绩。2008 年，由莱钢和鞍钢拔河队队员组成的中国拔河队在世界拔河锦标赛中斩获女子 520 公斤级冠军，取得历史性的突破。在 2016 年世界拔河锦标赛中，中国拔河队取得女子 500 公斤级和 540 公斤级冠军，及混合 600 公斤级亚军，再创佳绩。2018 年 3 月，世界拔河锦标赛在中国徐州成功举办，这也是世界拔河锦标赛首次在中国举办，经过为期 4 天的奋力拼搏，中国拔河队斩获混合组 600 公斤级和女子组 500 公斤级冠军。

在我国拔河运动不断繁荣发展的过程中，涌现出一批优秀的拔河运动推广示范区，培养出一支又一支的优秀拔河队伍，在国内和国际比赛中创造了一个又一个优异成绩。

（一）优秀拔河示范区介绍

1. 甘肃临潭

甘肃临潭县位于甘肃南部，隶属于甘南藏族自治州，古称洮州，是农区和牧区、藏区和汉区的结合部。拔河运动在临潭具有悠久的历史和文化基础，闻名遐迩的临潭“万人拔河”比赛即在此地。据记载，临潭万人拔河从明洪武十二年(1379 年)开始，至今已有 600 多年历史。比赛绳长 1 808 米，重 8 吨，龙头直径 16.5 厘米，该项活动是世界扯绳史上绳最重、直径最大、长度最长、人数最多的群众性体育活动。如今在临潭，拔河活动已经成为集文化、体育、旅游、艺术、商贸于一体的节庆盛会①。

依托历史悠久的“万人拔河”运动，临潭县于 2008 年被授予首个“全国拔河之乡”称号，并成功举办了 2007 年全国拔河锦标赛、甘肃临潭冶力关中国拔河公开赛暨洮洲拔河节等一系列活动，成功打造了一个全国拔河体育交流、合作和发展的大平台，彰显了临潭文化体育旅游的独特魅力。

2. 江苏赣榆

东临黄海，素有“黄海明珠”“徐福故里”美称的赣榆，与日本列岛、朝鲜半岛隔海相望。赣榆新城临海而建、逐海而生，是江苏近海亲海第一区，是江苏沿海新的增长极、丝绸之路经济带与海上丝绸之路交汇点重要组成部分。

赣榆文化广电体育局自 20 世纪 90 年代末开始组建拔河队，该拔河队多次在国家级赛事中斩金夺银，其中获全国冠军 13 次、亚军 16 次、季军 14 次，蝉联 2002 年至今江苏省拔河比赛项目冠军。赣榆先后承办了 2003 年和 2011 年全国拔河锦标赛，2012 年全国拔河新星赛总决赛和 2018 年全国拔河新星赛分站赛，2013 年和 2014 年全国拔河精英赛，2002 年、2004 年、2008 年和 2012 年江苏省拔河锦标赛等重大拔河赛事。2018 年 3 月在徐州举办的世界拔河锦标赛中，赣榆女子拔河队获得俱乐部组女子 540 公斤级季军、500 公

---

① 曹彧.从传统拔河到现代节庆：临潭县县长李生文谈拔河赛事品牌的传承与延续[N].中国体育报，2011-08-01(5).

斤级第八名。

2010 年，赣榆在江苏省率先成立县级拔河协会并获得“中国拔河先进单位”荣誉称号；2012 年成功创建“中国拔河之乡”；现有国家级拔河教练员 1 人，国家级拔河裁判员 5 人，国家一级裁判员 16 人。

经过十八年的拼搏发展，通过不断地参赛与办赛，赣榆拔河创造了一个又一个辉煌，赣榆“中国拔河之乡”的品牌越擦越亮，拔河运动的普及也越来越广。

图 1-1　赣榆拔河队

3. 上海嘉定

上海嘉定区位于上海西北部，东与宝山、普陀两区接壤，西与江苏省昆山市毗连，南襟吴淞江，与闵行、长宁、青浦三区相望；北依浏河，与江苏省太仓市为邻。嘉定建县于南宋嘉定十年(1217 年)，是名副其实的江南历史文化名城，有“教化嘉定”的美称。20 世纪 50 年代起，嘉定被命名为“上海科学卫星城”。

拔河运动在嘉定具有悠久的发展历史和广泛的群众基础，1988 年在杨德明教练组织和领导下，成立了娄塘镇拔河队，该拔河队是一支由工人、农民、退伍军人、教师、个体业主等从事不同职业的体育爱好者组成的民间业余“草根”拔河队。在嘉定区政府支持下，2005 年嘉定工业区拔河队正式成立。几十年来，在杨德明教练的带领下，拔河队不断成长进步，从最初参加区级比赛，到市级比赛再到国家级比赛。2005 年首次参加市级比赛并夺得第一名，引起各级领导的高度关注和支持；2006 年荣获上海市第十三届全民运动会 680 公斤级比赛冠军；2010 年荣获上海市第十四届全民运动会拔河比赛男子 680 公斤级、男子 600 公斤级、女子 560 公斤级、女子 480 公斤级冠军；2012 年荣获全国第七届农民运动会女子 560 公斤级冠军、男子 680 公斤级亚军；2016 年荣获全国拔河锦标赛草地拔河男子 600 公斤级和男子 640 公斤级亚军；2017 年荣获全国拔河锦标赛男子 640 公斤级第四名，并获得富阳国际拔河大奖赛男女混合 600 公斤级第五名。

图 1-2　嘉定工业区拔河队

（二）厂矿企业优秀拔河队介绍

1. 莱钢拔河队

山东莱芜钢铁集团有限公司（莱钢）拔河队成立于 1997 年，二十多年间先后在国际、全国和省市拔河比赛中夺得 48 枚金牌。2008 年在意大利世界拔河锦标赛中荣获女子 520 公斤级亚军，男子 680 公斤级第七名；2012 年荣获世界拔河锦标赛混合 600 公斤级第四名。二十多年来，莱钢拔河队秉承“学习、超越、领先”的精神，牢记“全力以赴、自我加压、挑战极限、勇夺第一”的誓词，逐步将拔河发展成为莱钢引以为豪的体育品牌项目。

2. 鞍钢拔河队

鞍钢矿业集团公司（鞍钢）拔河队是国内拔河实力较强的队伍之一，在近些年的国际和全国比赛中屡创佳绩。2010 年荣获全国拔河锦标赛男子 560 公斤级、男子 600 公斤级、女子 600 公斤级、女子 520 公斤级、女子 480 公斤级和混合 600 公斤级六个级别的冠军；2010 年荣获意大利世界拔河锦标赛女子 500 公斤级冠军；2014 年在爱尔兰世界室内拔河锦标赛中，荣获女子 540 公斤级冠军；2016 年在荷兰世界拔河锦标赛中，荣获女子 500 公斤级、540 公斤级两个冠军，实现中国竞技拔河运动历史性的突破，为祖国赢得荣誉。

3. 马钢拔河队

马鞍山钢铁股份有限公司第一钢轧总厂（马钢）拔河队自 20 世纪 90 年代组队以来，得到各级领导高度重视，并逐步形成一种良好的传统企业文化。从 2001 年参加“东方药业杯”全国拔河锦标赛以来，多次代表国家和公司征战世界和全国各地，曾在 2002 年和 2014 年组队代表国家分别参加在南非和爱尔兰举办的世界拔河锦标赛，并取得良好成绩，拓展了眼界，锻炼了队伍。该拔河队已逐步成为马钢体育工作的一个品牌。

（三）国内主要拔河赛事介绍

1. 全国拔河新星系列赛

全国拔河新星系列赛是由国家体育总局社会体育指导中心（下简称“国家社体中心”）和中国拔河协会联合主办的全国范围的拔河赛事。2010 年举办首届赛事，之后各届比赛在每年 4—11 月举行，赛事每年都在全国范围内设立不同的分站赛，表 1-3 显示了 2018 年新星赛分站赛的赛事安排，各分站赛取前两名进入总决赛（前一年度新星赛总决赛前四名可直接进入下一年度总决赛）。全国拔河新星赛的竞赛项目为 600 公斤级（参赛队员性别不限），各分站赛可视情况增设相应的其他项目，参赛队员要求近三年来未参加过全国拔河锦标赛。

表 1-3　2018 年全国拔河新星系列赛竞赛安排

竞赛名称	竞赛时间	举办省/市	竞赛名称	竞赛时间	举办省/市
苍溪站	4.17—4.20	四　川	天津站	8.8	天　津
赣榆站	4.20—4.22	江　苏	庆阳站	9.7—9.9	甘　肃
重庆站	5.19—5.20	重　庆	衢州站	9.10—9.13	浙　江
大同站	5.23—5.25	山　西	龙里站	9.14—9.16	贵　州
宁波站	6.8—6.10	浙　江	蒙城站	9.20—9.22	安　徽
鞍钢站	7.7—7.8	辽　宁	嘉定站	10.19—10.21	上　海
德州站	7.20—7.21	山　东	总决赛	11 月	广　东
瓜州站	7.20—7.23	甘　肃			

2. 全国拔河锦标赛

全国拔河锦标赛由国家社体中心和中国拔河协会联合主办，1997 年举办首届赛事，之后各届比赛在每年的 6—8 月举行。竞赛分室内硬地和室外草地两种比赛（表 1-4），同时每种比赛又分为公开组（专业组）和大众组（普通组），其中大众组要求运动员未参加过近三年全国拔河锦标赛。另外，室内硬地比赛分男子组、女子组和男女混合组进行比赛，室外草地赛分男子组和女子组进行比赛。其中男子组和女子组每队可报 12 人，领队 1 人、教练兼指挥 1 人、训练员 1 人、男（女）运动员 9 人（含替补 1 人）；混合组可报 13 人，领队 1 人、教练兼指挥 1 人、训练员 1 人、男运动员 5 人（含替补 1 人）、女运动员 5 人（含替补 1 人）。

表 1-4　全国拔河锦标赛竞赛项目

<table>
<tr><td rowspan="6">室内
硬地赛</td><td rowspan="3">公开组</td><td>男子组</td><td>560 公斤级</td><td>600 公斤级</td><td>640 公斤级</td><td>680 公斤级</td></tr>
<tr><td>女子组</td><td colspan="2">500 公斤级</td><td colspan="2">540 公斤级</td></tr>
<tr><td>混合组</td><td colspan="4">600 公斤级</td></tr>
<tr><td rowspan="3">大众组</td><td>男子组</td><td colspan="4">600 公斤级</td></tr>
<tr><td>女子组</td><td colspan="4">540 公斤级</td></tr>
<tr><td>混合组</td><td colspan="4">600 公斤级</td></tr>
<tr><td colspan="2" rowspan="2">室外草地赛</td><td>男子组</td><td colspan="2">600 公斤级</td><td colspan="2">640 公斤级</td></tr>
<tr><td>女子组</td><td colspan="4">500 公斤级</td></tr>
</table>

3. 全国拔河精英赛

全国拔河精英赛是由中国拔河协会主办的全国性拔河赛事，2007年举办首届赛事，之后各届比赛在每年9—11月举行。要求近四年内在中国拔河协会主办的全国性以上拔河赛事中获得前四名的队伍方具有参赛资格，中国港澳台地区报名参加不受上述限制。比赛分女子540公斤级、男子640公斤级和混合600公斤级三个项目进行。

4. “冶力关杯”中国拔河公开赛

“冶力关杯”中国拔河公开赛是由国家社体中心、中国拔河协会、甘肃省体育局、甘肃省旅游局、甘南州人民政府主办，临潭县人民政府、甘肃省社会体育管理中心、甘南州体育局、甘南州旅游局承办的面向国内外公开的拔河赛事，2008年举办首届赛事，之后每两年举办一届，通常于7月下旬在“中国拔河之乡”甘肃临潭县的冶力关举行，比赛设立男子640公斤级、女子540公斤级、混合600公斤级竞赛项目，吸引了来自蒙古、荷兰、尼日利亚、塞拉利昂、爱尔兰及中国港澳台等国家或地区的优秀拔河队伍前来参加。

比赛期间，同时还举办临潭全民健身篮球运动会暨业余拔河比赛、洮州民俗文化展、临潭大象拔河(押架)比赛等丰富多彩的民俗文化活动。

图1-3 2011年“冶力关杯”开幕式

第三节　拔河运动的特点及分类

一、拔河运动的特点

（一）增进健康

拔河是一项周期性多关节运动的体育项目，也是所有体育项目中唯一通过向后有节奏地发力以拉动对手的项目，运动中能够全面动员机体的大量肌肉和关节的活动，可以较好地提升身体的协调性、柔韧性、灵敏性和力量等素质，从而达到增进身体健康的目的。拔河的身体姿势区别于其他运动项目，要求身体从头到脚保持在一条直线上，腿要蹬，腰要挺，肘要贴紧两肋，手臂要伸直，运动时臀部始终处于脚跟后方，颈部也要用力，可以说全身都要用力。因此，长期进行科学规律的拔河锻炼，可以防止脊椎弯曲，从而造就挺拔身姿，特别对于儿童和青少年，拔河运动可以有效防治因不良坐姿而导致的身体畸形。此外，拔河项目是一项高强度的对抗性项目，要在短时间内动员全身各器官和系统参与紧张的工作，因此能够有效增强肌肉的力量和耐力，提高身体各内脏系统的机能水平，扩大肺活量，加快血液循环，促进新陈代谢，增进身体健康，增强抵抗力，减少疾病的发生。

（二）团队协作

拔河比赛是一种通过队员间同心协力、运用一定的节奏和韵律，试图将对方拉动的运动。比赛时，只要有一个人稍松手，全队就可能功亏一篑，被对方拉过去。由此可见，拔河比赛需要团队有强大的凝聚力和协作精神，而非单纯依靠蛮力。比赛时，要求全队心往一处想，力往一处使，听从指挥，步调一致。在这一点上，可以说拔河项目比一些球类等集体项目更要求团队合作、行动统一。因此，进行拔河锻炼和比赛，不仅可以增强体质，还可以培养群策群力、团结战斗的团队精神，同时锻炼坚忍不拔的顽强意志和坚持不懈的毅力。

（三）简便易行

拔河运动对场地器材的要求相对不高，只要一块狭长的平地，一条结实的粗绳就可比赛。并且可多人参加，不受年龄、性别、环境和季节气候的限制，较容易开展，因此也深得社会各界人士的欢迎，在工厂、机关、部队、学校等部门有较高的普及程度。

（四）公平性

在拔河比赛中运动员的体重越重，则越容易获胜。因此在拔河比赛中对比赛双方队员数量进行限制的同时，对拔河队员的总重量也进行了限制，以确保比赛的公平性。按照全队总重量将比赛分为480公斤、520公斤、560公斤、600公斤、640公斤、680公斤、720公斤及720公斤以上等8个级别进行比赛。

二、拔河运动的分类

（一）竞技拔河

竞技拔河主要指目前国内外举行的八人制专业拔河竞赛，比赛人数固定，按照八人的总体重来分级，从480公斤到720公斤，每隔40公斤一个等级，共8个重量级别竞赛。竞技拔河按照比赛场地不同，又分为硬地拔河和草地拔河。

（二）传统拔河

传统拔河通常以人数作为参赛规定，不对全队总体重进行限制。主要指以健身娱乐为目的的业余拔河比赛，如各单位组织的员工运动会中的拔河比赛，以及学校体育中组织的各类拔河比赛等。

（三）游戏拔河

游戏拔河主要指通过传统拔河运动衍生出来的各类拔河游戏，如十字拔河，四支队伍同时用“十”字形的拔河绳进行拔河比赛游戏。

（四）民俗拔河

民俗拔河通常指某一国家或地区在大型的节日庆典中举行、带有一定地域风俗特色的拔河比赛，如中国的藏式拔河、临潭万人拔河、韩国机池拔河和日本那霸大纲挽等民间拔河形式。

第四节　拔河运动的力学原理

在拔河比赛中，一方多名队员同时用力，从而形成一股强大的合力，以此去争取赢得比赛胜利。从物理学角度来看，拔河比赛过程涉及力的合成、作用力与反作用力、力的平衡及运动与力的关系等相关力学原理。因此，拔河比赛中合力的大小受多方面因素的影响。

一、力的合成

从物理角度来讲，力既有大小又有方向，求几个力的合力叫作力的合成。力的合成过程中遵循平行四边形法则。如图 1-4 所示，F_1 和 F_2 两个力的合力为 $F_{合}$，合力的大小和方向用以 F_1 和 F_2 为邻边的平行四边形的对角线来表示。当 F_1 和 F_2 的大小一定，那么合力在两力的方向一致时达到最大。因此，在拔河比赛中，队员们协调一致向同一方向用力，才能产生最大的合力，也就是我们平时所说的"心往一处想，劲往一处使"，做到同时、同方向用力。

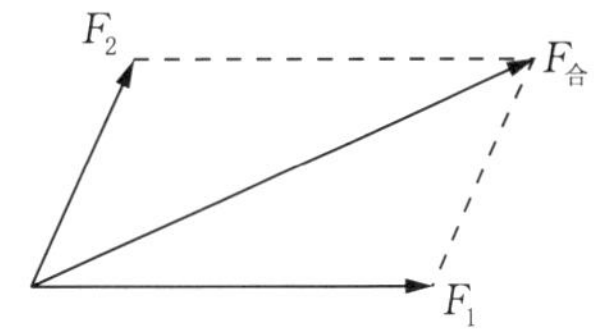

图 1-4

二、作用力与反作用力

在物理学中，力的作用是相互的。在拔河比赛中，甲方对绳子施力，同时绳子也会给甲方施力，如果把甲方给绳子的施力称作作用力，则绳子给甲方的施力称作反作用力，作用力与反作用力大小相等、方向相反、且在一条直线上。乙方也是同一情况。

三、运动与力的关系

为便于分析运动员的受力情况，我们把所有参赛运动员看作一个整体，其受力情况如图 1-5 所示。运动员在垂直方向受到向下的自身重力 $G_{重力}$ 和向上的地面支撑力 $F_{支撑力}$，在垂直方向上运动员的重力和地面支撑力是一对平衡力；在水平方向上，运动员受到来自绳子的拉力 $F_{拉力}$ 和来自地面的摩擦力 $f_{摩擦力}$，当比赛双方处于相持阶段时，这两个力是一对平衡力，当比赛双方某些因素改变时，这种平衡将会被打破，从而决出胜负。因此，拔河比赛中的胜负取决于比赛双方在水平方向上的受力情况。如果 $F_{拉力}=f_{摩擦力}$，则双方处于僵持；如果 $F_{拉力}>f_{摩擦力}$，则这一方将会输掉比赛；如果 $F_{拉力}<f_{摩擦力}$，则这一方将会赢得比赛胜利。因此，比赛中地面对运动员的摩擦力对比赛胜利起到关键的作用，

而拔河比赛中摩擦力的大小与给地面的压力及接触面间的粗糙程度有关。为了在比赛中增加地面的摩擦力，一方面可以增加与地面的摩擦系数，如运动员穿着鞋底有凹凸花纹的鞋子；另一方面可以增加运动员对地面的压力，因此拔河比赛中运动员的体重越重则越容易赢得比赛胜利，这就是为什么拔河比赛中要选择体重大的人来参加的原因。为保证比赛公平性，在正规的竞技拔河比赛中都对参赛双方的人数和体重总和有相应的限制。

此外，在拔河比赛中，胜负在很大程度上还取决于运动员的拔河技术。例如，在比赛开始的抢绳阶段，运动员通过迅速预蹲下沉发力，可以在短时间内对地面产生超过自己体重的压力；再如，运动员通过身体的后倾，来借助对方的拉力来增大对地面的压力；以及比赛中在体重相等的情况下，选择身材高大的运动员，可以对拉力力矩的调节有更大的范围，能够在调整姿势中产生更好的效果。总之，最终的目的是增加地面对运动员的摩擦力，使摩擦力大于绳子的拉力，从而赢得比赛胜利。

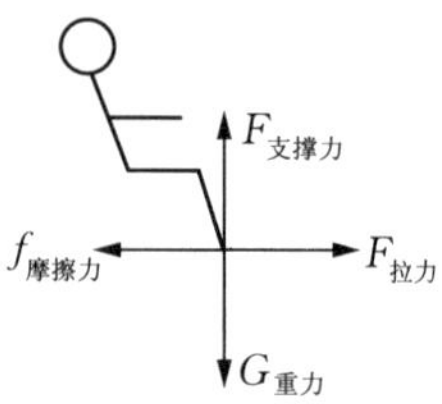

图 1-5

第二章　拔河基本技术与教学训练

拔河运动简单易行，一般人都可以参加，然而，要想拉得好，把所有队员的力量都最大限度地集中发挥出来，并赢得比赛胜利，还需要讲究科学的技术及训练、比赛方法。仅凭一身蛮力来拉，既发挥不出真实水平，也达不到健身锻炼的目的，还可能导致伤害事故的发生。

第一节　拔河姿势

一、高姿势

（一）动作要求

躯干挺直，弹臀挺胸，膝关节与髋关节夹角大于 120°，肩胛骨收紧，身体与地面呈 60°，两臂紧贴两肋，前不露肘，握绳手臂伸直，脚趾抓地，两脚掌间距 60 厘米。（图 2-1）

图 2-1

（二）技术分析

高姿势适合初学者和普通人群的拔河比赛。高姿势的绳位较高，容易掌握控制队伍平衡和起伏，形成合力，比赛中可加大髋角和膝角的幅度以利于发力；但是绳位较高易产生力量分散，用力不能集中通过人体核心部位。

（三）易犯错误及纠正方法

易犯错误：因站姿较高，躯干容易出现前倾，膝关节容易超过踝关节，从而造成发力顺序不正确，拉力减弱，且较易导致人体倒地等伤害事故的发生。

纠正方法：在训练中要加强身体素质训练，特别是加强躯干背部肌肉的力量，可利用轻量的杠铃进行半蹲和浅蹲训练、蛙跳和各种单足跳等跳跃练习。

二、中姿势

（一）动作要求

身体与地面呈 50°左右，大腿和地面呈 100°～120°，躯干和小腿平行，绳位位于肩关节和髋关节之间，上下起伏不能超过 5 厘米。（图 2-2）

图 2-2

（二）技术分析

中姿势通常在对高姿势较为熟练、且具有较好身体素质的基础上采用，适用于具有一定拔河基础的运动员。拉力在同等条件下要比高姿势大20%。

（三）易犯错误及纠正方法

易犯错误：由于握绳位于躯干中心位置，在对方拉力的影响下，绳子易出现向上移动的现象，从而造成拉力减弱、躯干弯曲、发力点前移。

纠正方法：加强人体综合能力训练，可利用肩负轻杠铃（体重的1/3）进行弓身练习，要求躯干与地面平行，整个脊椎挺直。具体训练安排：每周训练2次，每次3组，每组10～12下，每次训练完成后必须进行加强腹肌的力量训练（保证腹肌和背肌的对称训练）和放松练习，训练中可进行10～12下的单杠直臂悬垂举腿练习（图2-3），双腿并拢伸直，抬腿至脚背高于单杠高度。

图 2-3

三、低姿势

（一）动作要求

身体与地面小于或等于40°，髋关节与膝关节同高或略低于膝关节，身体重心上下起伏不能超过5厘米。（图2-4）

图 2-4

（二）技术分析

低姿势通常在专业拔河比赛中采用，它对运动员的身体素质有较高的要求，髋关节能在膝关节高度上下 5 厘米区间起伏，以避免拉力损失，并合理分配体力。

（三）易犯错误及纠正方法

易犯错误：在对方强大的拉力下，膝关节易过度弯曲，造成人体因支撑不住而摔倒。

纠正方法：训练中要加强髋关节的功能训练，可采用中等强度杠铃（人体体重的 1/2）的前蹲起训练（图 2-5），将杠铃置于三角肌的前束上，下蹲至髋关节低于膝关节，躯干挺直，使肩关节、髋关节和膝关节处于一条垂直线上，然后慢慢抬起臀部和髋关节，当髋关节与肩关节持平后，再将腰、背、胸挺直。每周 2 次，每次 2 组，每组 10～12 下。

图 2-5

第二节 握绳

一、空握法

(一) 动作要求

绳由食指外侧沿掌心通过手腕中轴,大拇指与绳平行紧贴并压住拔河绳接缝,其余四指充分握紧绳。(图 2-6)

图 2-6

(二) 技术分析

采用空握法可使大拇指紧紧压住绳节缝以增加摩擦力。通常在老年人或身材矮小的女性进行趣味拔河、娱乐拔河中采用。由于身材矮小,手掌也相对较小,腕关节较为僵直,采用此种握绳方法能够有效减少伤害事故发生,防止受伤。

二、普通握法

(一) 动作要求

绳由食指根部第一节,经过手掌中心通向手腕中轴,大拇指紧贴食指第二指关节,手掌大的运动员可延伸至中指第二指关节。(图 2-7)

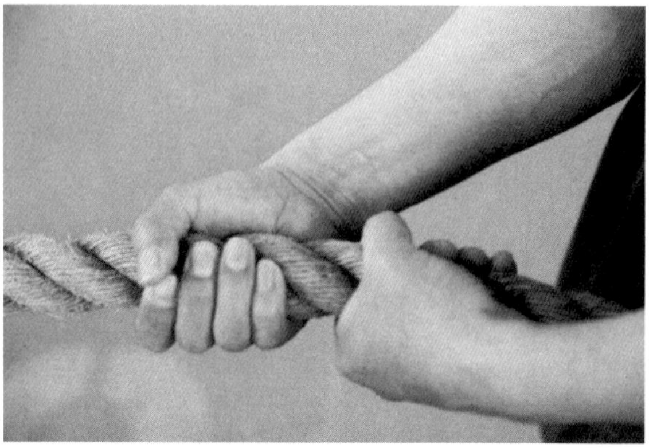

图 2-7

（二）技术分析

普通握法适合广大业余拔河运动爱好者及竞技拔河运动员采用。在比赛过程中，增加手掌与绳的接触面积，能有效延缓手的疲劳程度，增加耐力。此种握法还可使绳通过手掌的路线增长，从而增加手掌与绳的接触面积，减轻手掌的负担，增强人体对绳的感觉。这种握法通常适用于身材高、手掌大、手指长，但力量不十分出众的运动员。

（三）常见问题及训练

常见问题：在训练或比赛中碰到对手强大拉力的情况下，大拇指容易贴不住食指关节而滑落下来。

训练方法：平时可采用抓铁球练习(图 2-8)，男运动员采用 6～7.26 公斤铁球，每次 1 分钟，100 下；女运动员用 3～5 公斤铁球，每次 30 秒，50 下。(具体见第四章)

图 2-8

三、深握法

（一）动作要求

将绳紧贴大拇指根部再通过虎口直至手腕中轴，掌心向上握住绳。（图 2-9）

图 2-9

（二）技术分析

深握法是拔河专业训练和比赛中普遍采用的一种握法，优点是手掌能牢牢把绳握住，不易松动滑落，但需要有强大的手腕力量和手掌耐磨能力作为支撑。此外，此种握法更容易将力量拉向人体核心部位，便于发力进攻和防守，但也容易导致手掌过早出现疲劳。

（三）常见问题及训练

常见问题：由于手掌握得太牢而产生肘关节弯曲，从而造成关节紧张而消耗体力，还可导致肩关节过紧后前送。

训练方法：在整理放松活动中增加吊环深握支撑练习和爬杆训练。

四、锁握法

（一）动作要求

锁握法基本同深握法相似，区别在于锁握法的中指和食指包住大拇指，整个绳窝在手心中间。（图 2-10）

图 2-10

（二）技术分析

锁握法在拔河训练和比赛中较少采用，因为它要求运动员的整个手掌展开后的长度达 26 厘米以上。

（三）常见问题及训练

常见问题：容易引起大拇指指关节生硬而产生疼痛，从而影响水平的发挥。

训练方法：每周进行 1～2 次大重量的石锁（体重的 1.5 倍）提拉练习，要求躯干挺直半蹲提拉，左右手交替进行，训练结束后，进行靠墙倒立身体抖动练习，使僵硬的肌肉得到有效放松。

第三节　用力

拔河属于多关节、多肌肉参与的运动，拔河过程中全身肌肉有一半以上都要参与工作，既有大肌肉群，如全身体积最大的臀大肌和人体面积最大的背阔肌以及股四头肌、腓肠肌、胸大肌等；也有大量小肌群，如前臂屈肌和手指横纹小肌群等。在实际的拔河训练和比赛中要求运动员必须掌握合理、科学的用力方法和顺序才能产生最佳的发力效果。在拔河运动中，拉力和支撑力的发力都是通过人体的中轴（髋关节和腰椎等核心部位）来进行的，髋关节和腰腹肌肉同时发力带动肩关节，同时配合腿部支撑和挺胸别腰，逐步向后移动。

一、动作要领

（一）技术要求

要求先预蹲再发力，预蹲过程要求髋关节沿与地面 45°～60°的方向下沉后引，重心下移，预蹲后伸展髋关节，脚掌蹬地，同时配合髋关节和腰腹部肌肉发力，重心上移。发力过程要求绳紧贴身体，同时展胸顶肩，不能缩胸耸肩。（图 2-11）

图 2-11

（二）练习方法

1. 马步下蹲练习

两手胸前呈抱球状，慢慢屈膝下蹲（膝关节不能超过脚尖），脚趾抓地，臀部后引（臀端与地面垂直线在脚跟后方），躯干挺直，下蹲至髋关节略低于膝关节，呈静止状态 30 秒钟。（图 2-12）

2. 顶脚拉身练习

两脚脚掌顶在障碍物上，身体平躺于地面，然后握绳慢慢将身体拉至与地面呈 60°位置，再缓慢还原，如此往复进行。注意拉起时膝关节、髋关节夹角可适当弯曲呈 150°或 120°，以利于协调用力，如此反复 30 次。该练习可有效地体会发力顺序，使用力顺序更明确。（图 2-13）

图 2-12

图 2-13

3. 拉力架练习

将重量为自身体重（青少年为体重的 1/2）的拔河拉力架拉升至 1 米高度，

往返 10 次，速度不限。练习过程中要求两臂必须紧贴两肋中心，做到前不露肘，挺胸顶肩，力量由手通过肩轴传至身体中心部位，身体各环节自下而上同时发力。练习过程中必须有保护和帮助措施。（图 2-14）

图 2-14

二、比赛过程中的集体用力

拔河运动是一项需要集体配合发力的项目，需要将 8 名队员个人的最大拉力能够在同时间、同节奏、同角度、同方向发挥，最大限度地将 8 股力量汇集到一块，在实际的拔河过程中要求 8 名队员做到同时用力、同方向用力、平行用力、直线用力、惯性用力、向心用力、抗阻力用力。

（一）同时用力

1. 技术分析

同时用力是指在比赛开始瞬间，队员在 0.25～0.35 秒内，向同一后引角度（上下高低）同时发力，在最短时间内让整个队伍达到稳定状态，为后续比赛创造时机。用力的目的是使所有运动员的整体合力达到最大值，否则，不能发挥整体的实际水平，如在比赛中一名运动员能拉 100 公斤，则 8 名运动员如果同时用力则可以产生 800 公斤的拉力，如果没有同时用力，则会造成整个队伍的合力小于800公斤的最大值，造成力量损失。

2. 训练方法

在日常训练中，运动员根据教练员的口令，进行不同动作的同步快速练习。例如教练员击掌，所有运动员同时快速模仿竞技举重的抓举动作等训练，从而达到训练队伍同时反应发力的目的。（图2-15）

图2-15

（二）同方向用力

1. 技术分析

同方向用力是指在训练和比赛中，整个队伍沿预设的轨迹行进，队伍在中心线左右的摆动幅度不能超过2～5厘米，以维持队伍的整体性，同时达到以逸待劳的目的。

2. 训练方法

在队员身体姿势完全对称吻合的前提下，在强度较小的拔河拉力架上进行全队的走绳练习，在整队身体姿势保持稳定的前提下坚持2分钟以上，此时每组递增10%的重量强度，直至运动员身体姿势出现不稳定的现象。（图2-16）

（三）平行用力

1. 技术分析

平行用力是指名8名运动员发力方向在同一直线上，且发力方向平行于地面或略低于中心线，保证绳处于直线状态。通常情况下，如果队员整体支撑能力较强，头绳跟尾绳高低相差8厘米，从而使整个队伍形成倾斜直线，这样可以有效地增加抵抗阻力的效应。

图 2-16

图 2-17

2. 训练方法

在拔河拉力架上进行全队走绳练习，要求队员在保持身体姿势可控的情况下，逐渐降低身体重心进行训练。（图 2-17）

（四）向心用力

1. 技术分析

向心用力是指从肢体远端向肢体近端靠拢发力。通常经过系统拔河训练，

图 2-18

且身体条件出众的运动员，可以利用身体条件，使身体向右适当转动 25°，使力量最大限度通过人体正中心，从而充分发挥向心用力的作用。

2. 训练方法

训练中可进行负重转体练习，要求将杠铃(重量为体重的 1/2 以上)置于胸前，以身体中心为轴，左右旋转 45°，且至 45°时静止 3 秒钟。每周进行 1～2 次，每次 20 下。(图 2-18)

第四节　位置要求

队员应按从高到矮依次排列。因为训练或比赛时为抵抗对方拉力或尽量更多地消耗对方体力，应尽量保持绳子与地面平行或成倒梯形，这样可以保证支撑。最有效最合理的倾斜度是每个人比前一个人低 1 厘米，即二绳比头绳低 1 厘米，以此类推。每人距离 80～100 厘米。如能控制平衡支撑可适当增加人与人之间距离，这样可增加支撑面积。锚人和七绳之间距离可为 2 米，这样能有效调节整个队伍的高低。

一、头人(头绳)

比赛中排在第一位的队员称为头人(也称头绳)。头人最理想的身高通常比全队平均身高高出 5～10 厘米，体重比平均体重高出 8%～12%。头绳应具有全队最佳的技术、心理素质以及拼搏精神，需要沉着冷静并准确观察把握对手的动静变化，因此训练中应体会各种重量训练感觉能力，特别是手对绳的感觉，能感知全队和对方拉力情况，并配合指挥员调控全队的攻防节奏。头绳和尾绳占全队力量的七分之二。

二、二绳

比赛中排在第二位的队员称为二绳。体形应与头绳相似，具有较好的支撑能力，其占据的是全队最不易摔倒的位置，主要配合头绳完成进攻及防守，必须保证头绳的连续支撑。

三、三绳

比赛中排在第三位的队员称为三绳。体重较平均体重轻8%，要求反应迅速，具备快、灵、稳的特点，通常是全队速度、弹跳力最好的队员，比赛中要求根据比赛形势及时调整队伍的高低。如：在比赛中跌倒时要求三绳能够第一个爬起，在双手不离开拔河绳的情况下向后深蹲发力，迅速起立，同时牵引本方队员，尽量保持队伍的直线队形，三绳在训练和比赛中还要确保前面队员的连续支撑。日常训练中可以采用仰卧打挺动作和坐地站立动作进行专门训练。

四、四绳

比赛中排在第四位的队员称为四绳。体重应略高于平均体重，支撑力量要大，其支撑力应比全队平均水平高10%，起承前启后的作用，是全队的中流砥柱。在平时体能训练中可以结合标准竞技举重中的抓举技术动作进行训练，主要是发展快速力量、平衡力、协调和稳固能力。在比赛的困难时刻，该位置运动员膝关节、髋关节角度尽量不要小于90°，更不可出现弓背，以避免限制前方队员的支撑发力。

五、五绳

比赛中排在第五位的队员称为五绳。身高基本和三绳相同，但体重较三绳略大，他应具备三、四绳的综合特点，要求素质和技术较为全面。比赛的退守和进攻过程中，五绳队员应做到身体姿势不变，保证前后位置的队员在必要时得到支撑。训练中可结合竞技举重的抓举和单杠中的引体支撑（慢上动作）等训练方法进行专门训练。

六、六绳

比赛中排在第六位的队员称为六绳。该位置的队员应体格粗壮，身高可略低于前面的队员。要求具备出色的平衡、稳固能力，要有强大的躯干力量来保证身体姿势和全队的位置支撑。日常训练中可以借助实心球前抛练习来加强腹背肌群的力量，结合跳深训练来强化支撑能力。

七、七绳

比赛中排在第七位的队员称为七绳。一般体重较轻，身高也相对较低，重心通常比前面队员低 2 厘米，腿部和躯干同样需要有较强的支撑能力，同时七绳也应是全队各关节相对最灵活且活动幅度较大的队员。头绳至六绳的队员之间距离为 80～85 厘米，七绳距离六绳大约为 90 厘米，七绳距离排在最后的锚人之间应为 150 厘米左右(便于锚人抬绳及控制整个队伍的重心)。

在平时身体训练中可借助抓举起身后的下蹲练习来进行专门训练。训练中要求下蹲时臀部尽量后引，膝关节不得超过脚尖，杠铃重心在肩关节稍后 3 厘米左右的垂直线上，练习中要挺胸、腰直，使整个脊柱与地面保持垂直。起初练习的重量为体重三分之一，在能够轻松完成 30 次/2 分钟的强度后再逐渐加重，练习密度为每周 2 次，每次 2 组。组间间歇可以穿插篮球的跳投训练(距离篮圈 5～7 米，正面投或 35°擦板投)，跳投练习能增强协调及平衡能力，同时使肌肉和神经系统得到放松调节。

八、锚人(尾绳)

比赛中排在第八位的队员称为锚人，也称尾绳。锚人应是全队体重最重的一位，通常要比全队平均体重高出 10%。锚人要善于观察对手及全队在比赛中的形势，及时发号施令，配合指挥员做到心中有数，知己知彼，及时调整全队重心高低。例如在比赛中六绳和七绳位置容易产生后倾角度过小，从而使身体不能有效地支撑发力，此时，锚人应及时抬高拔河绳使其保持连续支撑。

第五节　拔河专项技术训练方法

一、起动训练

起动是指全队队员听到开始指令后，在最短时间内利用自身的体重向后下方进行预蹲发力。起动过程要求上身挺直，两肘贴紧两肋，同时两臂与躯干呈等腰三角形的固定状态，在最短时间内臀部向后下方后引发力，再迅速反弹至髋关节与膝关节平行。

（一）拉力架起动练习

队员在拔河架赛道上做好拔河的准备姿势，在听到教练员开始指令（或自我暗示）后，迅速起动发力，将重量为自身体重 2 倍的拉力架拉动两个脚位并支撑住。要求训练者每分钟做 10～15 次拔河起动技术的连贯动作。

（二）多人对拉起动练习

两组队员在拔河赛道上做好拔河准备姿势，在听到教练员开始口令后，双方迅速起动发力。

二、走绳训练

走绳是指在拔河比赛和训练过程中，整个队伍起动以后，利用有节奏的、连续的预蹲发力，使整个队伍缓慢地向后移动。走绳过程中，要求上身挺直，两臂紧贴两肋并固定，左右摆动和上下起伏要小于 10 厘米。

（一）拉力架走绳练习

队员在拉力架上拉动自身体重 2 倍的重量，并在头绳的口号（如“一、二”，“一”代表预蹲后引，“二”代表后蹬发力）下，整个队伍连续进行有节奏的预蹲发力，在 2 分钟内使拉力架匀速上升 2 米高度。

（二）多人对拉走绳练习

两组队员在拔河赛道上同时进行两分钟的对拉走绳练习，要求双方队员在头绳的口号下，进行连续有节奏的预蹲发力，尽力拉动对方。

三、冲刺训练

冲刺是指在比赛的中后阶段，已占据较大优势的情况下，整队通过降低重心，加快进攻节奏，用最短时间赢得比赛胜利的过程。

（一）拉力架冲刺练习

队员在拉力架上拉动自身体重 2 倍以上的重量，10 秒钟内将拉力架拉升至 50 厘米高度。每次进行 10 组练习，组间间歇 2 分钟。

（二）多人对拉冲刺练习

两组队员在拔河赛道上进行对拉比赛，在相持一段时间后，优势一方在头绳的指令下进行加速进攻冲刺，要求比赛双方全力进行对拉。

四、锚人的训练

（一）握绳及姿势

锚人的技术动作和其他队员不一样，锚人的握绳是左手在前，通常采用深握法（手掌加手指长度超过 26 厘米的锚人可采用锁握法），绳子从身体右面股骨大旋子至髋关节中央部位平行走向，通过脊柱腰椎左侧中间再沿着左侧中间背脊向上至左肩斜方肌再到左胸锁骨下来穿过左面腋下收紧。（图 2-19）

图 2-19

（二）技术要求

1. 拔河绳在比赛过程中必须紧贴身体，且在保持正确技术动作的前提下尽可能多地接触身体部位，因为触及身体面积越大产生的拉力越大，且不易受伤。

2. 锚人的两臂和身体呈近似等腰三角形并固定，躯干应挺直，两肘尽量后引，两腿尽可能伸直，发力撤步时膝关节稍曲，发力后再迅速蹬直以便于支撑防守。臀部与膝关节平行，根据对方拉力和攻守形势可在上下 5 厘米的中枢区域内起伏，但上下起伏幅度不能超过 5 厘米，否则影响全队重心。

（三）训练方法

1. 背拉拔河架练习：身体背对拔河架，拔河绳通过右肩延伸到背部，身体与地面呈 45°，拔河架重量为体重的 1/2 以上，前后往返拉动 3 分钟以上，以有效发展人体脚部和小腿肌群。（图 2-20）

图 2-20

图 2-21

2. 正拉拔河架练习：以拔河姿势或锚人姿势，缓慢拉动重量为自身体重的拔河架，随后再用正确身体姿势支撑并慢慢被动前移，根据个人身体素质能力逐步增加拔河架的重量，直至不能拉起。（图 2-21）

3. 负重提踵练习：锚人在正式比赛中脚掌和踝关节负荷较大，通过踝关节的负重提踵训练可有效提高其踝关节的力量和稳固性。要求练习者双手提起石锁或哑铃，上身挺直，做提踵动作。（图 2-22）

图 2-22

第三章　拔河基本战术与训练

战术是指在比赛中为战胜对手或为表现出理想的竞技水平而采取的计谋和行动。拔河战术是运动员在拔河比赛中根据比赛规则、对手的具体情况及临场变化，有效地运用各项技术及所采用的有目的、有组织、有预见性的行动。拔河比赛中的战术可分为进攻战术、防守战术和攻防交替战术，在实际的比赛中要充分发挥自身队伍的优势，限制对手长处，紧紧抓住对手的弱点，根据对手的实力和特点进行相应的战术安排，从而达到克敌制胜的目的。

第一节　拔河的基本战术及训练

一、进攻战术

（一）快攻战术

1. 内涵

快攻战术是指在本队速度和力量素质优于对手、而力量耐力逊于对手时，或者在本队队员之间的个体能力差异较大时，利用对方尚未站稳阵脚之时，通过快速起动一致用力来突袭对方，以达到出奇制胜的目的。

快攻战术要求全队动作要连贯、一致、迅速，且节奏要快。在裁判发出“开始”号令时，在保证不发生抢位犯规的前提下，快速先于对手发力，且力度要足；接着进行连续的、有节奏的快拉，使对手始终处于被动拉的局势。比赛中，采用快攻战术可能出现两种情况：(1)当比赛开始时，本队采用快攻战术将对方阵脚和节奏打乱，从而利用本方占据的优势，一鼓作气、乘胜追击，快速赢得比赛胜利。(2)当比赛开始时，本队采用快攻战术打乱对方阵脚和节奏后赢得一定的优势，但对手及时调整并进入相持状态，此时本方则根据具体情形进行相应的战术调整。

2. 训练方法

（1）递增强度训练法：利用拔河拉力架，以 8 名队员最大拉力的 80%强度进行 5～10 秒的快速拉升练习，拉力架的高度保持在 3～3.5 米，拉升后使拉力架缓慢下落，每次拉升逐增 5%重量，直到全队能够拉起但不能支撑为止。

(2) 中小强度训练法：利用拔河拉力架，以 8 名队员最大拉力 50%以下的强度进行 5 分钟的快速拉升练习，训练中要求拉升速度要尽可能快，下降时要尽量缓慢，当下降到指定位置后再快速拉升，如此循环进行训练。中小强度的拉力训练可以有效发展运动员的速度耐力素质。

（二）稳攻战术

1. 内涵

稳攻战术通常用于双方实力相当、势均力敌的比赛情形。比赛开始后，如果本队不能快速取胜，则转为防守，来消耗对方体力。同时指挥员要时刻观察本队队员和对方队员的面部表情及肢体动作，并在对方斗志低沉或出现懈怠的时候，指挥全队伺机起动加速进攻。如仍不能快速取胜，则再转为防守，如此进行稳攻，直至取得比赛胜利。

比赛中采用稳攻战术，指挥员起到关键作用，场上队员的一切行动要听指挥。指挥员在场上要因势利导，时刻根据场上情形号令全队进行防守或进攻，如在进攻过程中将对方拉过一段距离，然而却不能一气呵成直至胜利，此时指挥员要指挥全队迅速转攻为守，减少体力消耗，并伺机再次发动进攻。此外，在防守抵御对方进攻时，要求全队队员降低重心，两手握紧绳子，两脚蹬实，两腿撑紧。依靠腿部牢固支撑、身体体重和后蹬发力，来抵御对方的进攻。

2. 训练方法

在拉力架上，利用全队最大拉力 70%的强度进行 5 秒快速和 10 秒慢速的拉升练习，如此循环训练 8 次/2 分钟。

（三）以守为攻战术

1. 内涵

以守为攻战术是指在比赛开始以后进行全力防守，抵抗对方进攻，利用防守来消耗对方体力。比赛赛程过半以后，伺机进行全力进攻，全队整体利用自身的体重进行加速下蹲后引，此时的力度相当于相持状态的两倍以上，使对手在强烈的拉力冲击下失去队形的稳定，从而打破僵局，争取比赛胜利。以守为攻战术通常用于双方实力相当或对方实力不敌自己的情况。

2. 训练方法

(1) 在拉力架上,用全队最大拉力50%的强度拉升50厘米高度,全队主动有意识地坐在地上,要求身体姿势仍保持拔河的规范动作,同时膝关节与髋关节的夹角要大于90°,然后在教练员的指挥下挺胸、顶肩、蹬地,快速起立,起立后再快速下沉坐地,刚接触地面迅速起立,逐渐加快频率,直到速度开始下降为止。每组5分钟,每次3组。

(2) 马步训练:在拉力架上,用小于全队最大拉力50%的强度拉升至50厘米高度,随后要求上身保持正确拔河身体姿势,下肢保持马步姿势静止支撑1分钟。每组完成后间歇4分钟,每次3组。

二、防守战术

防守战术通常在比赛中处于较为被动或不能速胜的情形中采用,以下介绍几种常用的防守战术。

(一) 以静制动战术

1. 内涵

以静制动战术通常用于力量素质较弱而耐力素质突出的队伍,在比赛过程中,面对对手强大的拉力进攻,如果仍全力进攻,往往造成本方体力过度消耗而乱了阵脚。而此时可以通过减小整队支撑角度(身体与地面的夹角),使支撑角度小于对手的支撑角度,从而产生更大的支撑力以抵抗对方强大的拉力进攻,利用本方相对较强的耐力素质来牵制对方,从而达到以静制动的效果。待对方体力消耗到一定程度,再伺机发动反攻。

2. 训练方法

(1) 在拉力架上,整个队伍在不知拉力重量大小的情况下,用30秒将拉力架拉升至5米高度,再用2分钟将拉力架缓慢放下,然后让运动员感知拉力的强度大小。每次进行5组练习,逐步增强队员对拉力强度的感知能力,为比赛中准确把握对手拉力大小奠定基础。

(2) 全队运动员闭上眼睛进行拉力架训练,用30秒将拉力架拉升至5米高度,再用3分钟将拉力架缓慢放下,要求做到全队队员步调一致,动作连贯。

（二）退让战术

1. 内涵

退让战术是指在对本方和对手实力有深入了解的情况下，在比赛中通过适当的退让，来消耗对方的体能储备，当退让到一定程度（一般退让至对方河界 3 米左右），对手的体力消耗较大，支撑角度较低，此时趁机进攻发力，往往可以获得出其不意的反攻制胜效果。

2. 训练方法

（1）在有保护和帮助的情况下，拉动全队最大拉力 120%的重量，将拉力架拉升至 2 米高，然后保护和帮助的队员松开其中一只手（手松开但不离绳），如果此时训练队员能够支撑住，再松开另一只手，让训练队员用 2 分钟时间缓慢将拉力架放下。

（2）两支队伍进行对抗训练，陪练一队为 12 人，将训练一队在 2 分钟内拉动 10 米以上，同时要求训练一队在保持身体姿势前提下缓慢向前移动。

（三）马拉松式防守战术

1. 内涵

马拉松式防守战术通常用于草地拔河比赛，由于草地拔河按规定在土质松软的草地上进行，拔河过程中队员的脚跟常陷入草地当中，要想全力进攻较为困难，此时可采取马拉松式的长时间稳扎防守，利用本队的强大耐力拖垮对方。例如，在 2012 年世界拔河锦标赛荷兰跟英国的比赛中，荷兰队凭借超强的耐力，经过长达 28 分钟的马拉松式防守，最终赢得比赛胜利。

2. 训练方法

（1）整队在 2 分钟以内，将全队最大拉力 50%强度的拉力架拉升至 10 米高度，然后以每分钟下降 1 米的速度，缓慢将拉力架放下，每下降 1 米增加 5%的重量，下降过程中必须有保护和帮助，如果训练队员无法支撑增加的重量，保护和帮助队员则进行辅助。

（2）全队队员穿草地拔河鞋在泥泞的草地上跑步，每次跑 10 分钟，距离 1 000 米，每周进行 2 次训练。

三、攻防交替战术

（一）内涵

拔河比赛中，进攻与防守往往交替进行，特别是在双方势均力敌的比赛中。攻防交替战术是指在比赛开始后，先进行30秒的高强度进攻，紧接着进行30秒的静态防守，随后再进行30秒的高强度进攻，此时如果对手出现阵脚不稳，则继续进攻发力直至获胜，如果对手仍保持较强抵抗能力，则再进行30秒的静态防守，如此循环进行直至对手出现阵脚紊乱。攻防交替战术要建立在平时训练有素、攻守自如的基础之上。

（二）训练方法

用100％强度进行起动和途中拔的衔接练习，要求连续30秒将拔河架拉升至2米高（该过程必须要有保护和帮助），然后呈静止支撑状态，再将拔河架的重量增加5％，同时使拔河架缓慢下降到指定高度，随后再快速拉升30秒，再将拔河架缓慢下降到底。

第二节　拔河比赛中的战术安排

一支拔河队要取得优异的比赛成绩，除了需要严格要求、刻苦训练外，还要针对本方和对手的优劣势进行缜密、灵活、系统的战术安排，在充分发挥自身优势的同时，规避对手优势，攻击对方的短板。拔河比赛的战术安排需要根据双方实力与特点，及具体赛况拟定。通常拔河比赛中对手实力有三种情况，即实力高于自己、双方实力相当和实力低于自己。

一、对方实力高于自己

（一）稳固防守战术

实力较强的队伍在比赛中往往采取强力进攻的战术安排，面对对手强势进攻，实力相对较弱的一方应采取稳固防守的应对策略，尽量降低全队重心，使队伍重心低于对手，以抵抗对方的强势进攻，同时达到消耗对方体能的目的，利用整齐的节奏和稳定的步伐来维持比赛，并伺机寻找反攻机会。

（二）攻防交替战术

如果比赛中对手以稳攻战术开局，此时实力相对较弱的一方要在前 30 秒发起主动进攻，30 秒过后转为稳扎防守（前提为 30 秒内已将对手拉过一定距离，并占据一定优势），接下来 30 秒可继续采取稳扎防守战术，时刻关注对手的比赛态势，如果此时对手发动进攻，则要保证 30 秒内不能被对方拉过中心线。接下来 30 秒再次发动进攻，如果不能拉动对方，此时将继续转为稳扎防守战术，如此循环往复，直至耗尽对方体能。

二、双方实力相当

（一）快攻战术

在比赛开始本队可采用快攻战术，达到先发制人的目的，在进攻过程中要保证队伍重心比对方低 3～5 厘米。如果对方在强力攻势下出现队员支撑角度或身体姿势发生变化，造成整个队伍防守乏力，则本队可基本锁定胜局。

如果在 1 分 30 秒内的强力进攻中，本队未能造成对方陷入被动局势，则需要转为防守策略，将已获得优势让出 2/3（时间控制在 30 秒左右），以达到消耗对方体能的目的，并再次寻找合适的进攻时机。

（二）稳攻战术

在比赛过程中本队利用稳攻战术来拉动对方，用尽可能小的移动幅度，持续地向对方施加压力，迫使对手跟着本队节奏向前移动。采用此战术要求队伍在平时训练中能够将大于自身体重 2 倍的负荷，在 2～3 分钟内拉升 4 米以上，如果能达到以上训练水平，将增大获胜的概率。

（三）防守反击战术

如果在比赛开始面对对手强大的拉力进攻，本队可采取稳固防守战术，减小整队支撑角度，使支撑角度小于对手的支撑角度，从而产生更大的支撑力以抵抗对方强大的拉力，达到以静制动的效果（此战术通常用于力量素质较弱而耐力素质突出的队伍）。利用强大的耐力素质消耗对方的体能，同时在对手阵脚紊乱时发动反攻。

（四）主动退让性防守反击

在比赛开始时面对对手的强力进攻，可以利用本队强大的防守支撑能力，缓慢地让对方将自己拉过中心线2米左右，然后全队再进行突然支撑发力进攻，如果对手支撑能力不强，再加上前期进攻导致的体能消耗，此时往往会出现阵脚紊乱而崩盘的局势。

三、对方实力低于自己

面对实力低于自己的对手，多采取进攻多于防守的战术安排策略。通过快速发力进攻，获得先发制人的优势，从而击溃对手的防线。

（一）主动进攻战术

由于对方实力低于自己，在比赛开始后本队可采取连续小幅度的（上下起伏5厘米左右）预蹲发力进攻，将对方拉至2.5～3米，此时观察对方队伍的起伏状态及身体姿态，如果对手起伏幅度较大、身体出现拱背或握绳松动前移等现象，则表明对方有部分队员出现脚步不稳的迹象。在这种情况下，可通过加大预蹲发力的幅度（预蹲深度在15～20厘米），乘胜追击，加快进攻节奏，以扩大自己的优势直至获得比赛胜利。

（二）进二退一战术

进二退一战术是指在比赛开始时，本队利用强有力的起动，首先进行平稳、缓慢的进攻，将对手拉过1米位置，然后静止相持20秒，随后试探性地将队伍重心抬高3～5厘米，如果对手突然发力进攻，则立刻降低队伍重心5厘米，在保持队伍稳定支撑的情况下，让对手缓慢将我方拉过50厘米。在此过程中，对方消耗体能明显大于本方，再加上对方实力原本低于本方，此时队伍体能要高于对方。在这种情况下，本方再次主动发力进攻，直至赢得比赛胜利。

第四章　拔河运动员的体能和心理训练

第一节　拔河运动员体能训练概述

一、体能训练的概念和分类

体能训练是指运用各种身体练习的方法和手段，全面提高和改善运动员的身体机能、身体健康状况和身体素质的训练过程。对于拔河运动员来说，体能训练是拔河技战术训练以外的各种身体练习方法和手段，旨在提高拔河运动员的身体机能、身体素质和健康水平。

拔河运动员的体能训练，从结合专项训练特点来讲，可分为一般体能训练和专项体能训练。一般体能训练是指在运动训练过程中，采用多种多样的身体练习方法和手段，全面提升运动员的身体健康、机能水平和各项身体素质，从而为专项训练打下基础，如：耐力跑、跳绳、游泳、登山、篮球等。专项体能训练是指在运动训练过程中，采用与拔河项目紧密相连的专门性身体练习方法和手段，提升与拔河运动技术直接相关的专项身体素质，从而保证运动员比赛中有效运用各项拔河的技战术，创造优异成绩，如拔河拉力架训练、杠铃训练、拉力带训练、多人对拉训练等。

二、体能训练的意义

拔河运动员的运动水平由其竞技能力所决定，是运动员技术、战术、体能、智能和心理能力的综合表现。体能是运动员在训练和比赛中专项身体素质、身体机能水平和身体形态的综合体现，是运动员竞技能力四大要素中最为基础的要素，包括身体机能、身体健康和身体素质，其中身体素质最为重要。

拔河运动项目本身属于体能主导类集体对抗项目，室内硬地拔河比赛的全程用时通常为 1～6 分钟，业余拔河比赛用时相对较短，一般不超过 2 分钟，而双方实力相当的专业拔河比赛用时可达 5～6 分钟，草地拔河最长可达 30 分钟。体能是决定比赛胜负的关键因素，良好的体能不仅是拔河运动员提高运动技战术水平的重要保证，也是运动员在比赛中创造优异成绩的重要途径。此外，良好的体能还可以保证运动员能够承受大负荷训练，防止伤病的发生。因此，体能训练在拔河运动员训练中占据重要地位，并且随着现代竞技拔河比赛的强度日益增加，对运动员的体能水平提出了更高的要求。

三、体能训练的基本任务

拔河体能训练的基本任务是通过全面、系统、科学的体能训练，提高拔河运动员的力量、速度、耐力、灵敏和柔韧等各项身体素质，改善运动员心血管系统、呼吸系统、神经-肌肉系统以及能量供应系统等各项身体机能水平，保证拔河运动员机体能够承受大负荷的训练和比赛，提高运动员的竞技能力，防止伤病的出现，进而不断提高运动员的拔河技战术水平和运动成绩。

四、体能训练的生理学基础

体能训练要想取得良好的训练效果，要求在选择训练方法和手段时，必须充分考虑拔河比赛对运动员的体能要求，及其背后的生理学原理。从能量代谢角度来看，人体工作时的能量供应包括三个供能系统：一是 ATP-CP 磷酸原供能系统，这一系统可使人体肌肉活动在较高水平维持 5～10 秒，通常发生在诸如 100 米跑、50 米游泳这样的运动项目上；二是无氧糖酵解供能系统，工作时间在 20～30 秒，有时持续 1～2 分钟，通常发生在诸如 400 米跑、200 米游泳这样的运动项目上；三是有氧供能系统，此供能系统是在供氧充分的情况下产生能量，可维持人体肌肉进行长时间活动，工作时间一般在 2～3 分钟或更长时间，通常发生在诸如长跑这样的运动项目上。

力量素质是决定拔河比赛胜利的关键要素。拔河比赛通常分为进攻和防守两个阶段，在防守阶段，运动员要克服对手的拉力，肌肉做退让性离心收缩或静力性等长收缩；在进攻阶段，运动员要动员全身肌肉进行最大力量的向心收缩。因此，在拔河比赛中运动员需要强大的最大收缩力量素质和爆发力素质，同时具备长时间维持最大收缩力量的力量耐力。从拔河比赛的时间和肌肉工作形式来看，拔河运动的能量供应是以 ATP-CP 磷酸原和无氧糖酵解供能系统供能为主。因此，在体能训练的实践中需要结合拔河运动的供能特征展开有针对性的训练。

五、体能训练的基本要求

（一）科学、系统、全面地进行体能训练安排

拔河运动员的体能训练是一个长期的系统工程，需要依据科学的原理，采用科学的手段，对运动员进行系统、全面的训练。根据不同性别、不同年龄和不同竞技水平运动员的身心特点，全面兼顾身体形态、身体机能和身体素质，进行有针对性的系统训练。

（二）处理好体能训练与技战术训练之间的关系

体能训练与技战术训练既不是相对立的，也不能相互替代。体能训练的内容、方法和手段要紧密结合拔河技术和战术的要求，在保证正确拔河技术动作的基础上进行体能训练，根据不同战术形式对运动员体能的不同要求展开体能训练。

（三）合理安排体能训练时间和运动负荷

运动员在大脑皮层处于良性兴奋和精力充沛的状态下进行体能训练效果最好，同时也不易受伤。此外，要根据运动员的竞技水平和训练阶段，合理安排运动负荷的强度和密度，并科学掌控训练的间歇时间和休息时间。

（四）有针对性地进行体能训练

运动员的竞技能力和训练水平各不相同，教练员在训练时，要充分观察和掌握运动员的个体差异，并对不同运动员的实际情况采取有针对性的训练方法和手段，而不是不加区别地全员采取同样的训练内容、方法和手段。因此，在拔河体能训练中，要注意因人而异，区别对待。

（五）体能训练方法要多样化

体能训练中过于单一的训练方法，容易使运动员感到乏味和产生消极训练的现象。因此，在训练中教练员要不断变换训练方法、手段和环境，如：游戏、比赛、惩罚、测验等，激发运动员的训练欲望，提高训练兴趣，从而保证良好的训练效果。

第二节 拔河运动员身体形态和机能水平特征

一、身体形态特征

(一) 身高

现代拔河是分体重级别的，由于受体重的限制，再加上项目的特殊性，在体重、力量等综合素质相同的条件下，身高越高越好，因为身高越高力矩越长，工作距离也越长。如两名运动员，一个身高 1.8 米、一个 1.6 米，体重都是 70 公斤，都能举起 100 公斤，那么在实际比赛中身高 1.8 米的运动员能力要更强。因此，在条件相同的情况下，身高越高越好。

(二) 体型

拔河运动员的理想体型要求身材高大、匀称，体格健壮，手掌粗大(能握紧绳子，且不易疲劳)，脚掌宽大，四肢长，躯干短，肩部宽大，臀部翘(能沉得下去)。

二、机能特征

竞技拔河比赛每局耗时一般在 1～3 分钟，高水平专业运动员比赛可达 5～6 分钟，在整个比赛过程中要求运动员始终保持腿部及腰背，甚至全身肌肉的紧张发力，特别是腿部的支撑发力。拔河项目的比赛特征，要求运动员要具有较强的 ATP-CP 磷酸原和糖酵解系统供能能力。因此，在体能训练过程中，机体的无氧代谢供能能力是拔河运动员体能训练的重要身体机能指标。

第三节 拔河运动员身体素质训练方法和手段

一、力量素质

(一) 力量素质的概念及分类

力量是指肌肉在工作中克服内部和外部阻力做功的能力。力量是人体活动的基本因素，拔河运动员的力量素质是发展其他各项身体素质和各项技战术水平的基础。

在运动训练实践中，力量素质可分为最大力量、爆发力和力量耐力；按照人体各部位肌肉的力量，又可分为上肢力量、下肢力量、躯干肌肉力量等。根据拔河项目特点，最大力量和力量耐力是拔河运动的主要力量素质。

最大力量是指肌肉通过最大随意收缩以抵抗阻力时所表现出来的力量最高值。它是爆发力和力量耐力的基础，通常采用大负荷、少次数、多组数的练习方法进行训练。

爆发力又称为速度力量，是人体肌肉在短时间内尽可能发挥最大力量的能力，它是力量与速度的有机结合。在拔河比赛开始时的抢绳过程，需要队员具有较强的爆发力，在尽可能短的时间内发挥全身的力量以抢占先机，赢得优势。

力量耐力是指肌肉在静力性或动力性工作中，长时间保持肌肉紧张用力而不降低工作效率的能力，又可分为静力性力量耐力和动力性力量耐力。在拔河比赛中人体与地面形成小于 60°的夹角，要想保证人体上身的稳定发力，需要运动员的腿部和躯干具有强大的力量耐力，以保证人体的连续支撑，而不至于出现腿部支撑不足摔倒的现象。

（二）力量素质练习方法

1. 上肢力量练习

（1）抓铁球练习

① 动作方法：抓铁球是指以单手握住铁球后用力向上，利用惯性让铁球自由下落并在刹那间再抓住铁球。练习采用 7.26 公斤标准铁球（青少年采用 3～4 公斤铁球）。练习时为避免出现弯腰弓身，可采用下蹲马步式或坐在椅子上进行，以提升人体的稳固性。（图 4-1）

图 4-1

② 练习密度和强度：每周 1～2 次，每次连续 100 下。

③ 训练的作用：增强手指、手腕和前臂肌群的肌肉力量。

（2）爬绳练习

① 动作方法：用双手交替攀爬 4 米高绳（也可用铁管代替），两脚不可以靠近爬绳或铁管，靠手臂和腰腹力量向上攀爬。（图 4-2）

② 训练强度和密度：训练初期可负重 10 公斤，攀爬 3 次，中间无间歇。随着身体素质的提高可逐渐增加负重量，时间不增加，负重量不断增加。时间 2 分钟以内为基本达到要求。

③ 训练的作用：不仅练抓力、握力、臂力和上肢力量，而且还可放松腰部，因为平时拔河训练、杠铃力量训练使腰部负担很重，利用爬绳可放松身体，爬绳可放在训练结束后再进行，视个人状态而定。

图 4-2

图 4-3

（3）抓绳练习

① 动作方法：队员利用左右手交替连续拉动 30 公斤的拉力架，3 秒钟拉 1 把（高度 15 厘米），以如此节奏将拉力架拉升 3 米高，然后以相同的节奏将拉力架还原，多人练习可适当增加重量。练习时要求挺胸直腰，膝盖微屈，脚趾抓地，足弓隆起，重心控制在脚心偏后；拉动的节奏要均匀。（图 4-3）

② 训练强度和密度：反复拉降 3 次作为一组，组间休息 5 分钟，一般做 3～5 组。如果在 2 分钟内能够完成，则后面各组逐增 5 公斤重量，直到 2 分钟不能完成后结束。

③ 训练的作用：主要训练运动员对绳子拉力重量的感知能力。

(4) 轻杠铃连续抓举

① 动作方法：两手握住 20 公斤的杠铃置于腹部，迅速将杠铃拉至胸前，顺势松手，随后再迅速握住杠铃下降至腹部，连续做抓举动作。(图 4-4)

图 4-4

② 训练强度和密度：20 秒 25 下，每周 1 次，每次 1 组。随着身体素质的提升，时间不变，重量和次数逐渐增加。

③ 训练的作用：主要发展前臂屈肌，以及手指的爆发力。

(5) 直臂弯举

① 动作方法：两手掌心向前握住 20 公斤杠铃，向上弹跳发力，同时将杠铃上举。(图 4-5)

图 4-5

② 训练强度和密度:20 秒 20 下,每周 1 次,每次 1 组。

③ 训练的作用:主要发展胸大肌、肱二头肌和小腿肌群的力量。

(6) 哑铃飞鸟

① 动作方法:两手握住 20 公斤哑铃,躯干弯曲至与地面接近平行,以肩关节为轴,两臂伸直上下做飞鸟摆动,要求向上摆动至高于躯干平面。(图 4-6)

图 4-6

② 训练强度和密度:1 分钟 30 下,每周 1 次,每次 1 组。

③ 训练的作用:主要发展肩胛骨和肩关节周围的肌群。

(7) 杠铃弯举

① 动作方法:两手掌心向上握住重量为自身体重 1/2 以上的杠铃,身体挺直,上臂贴紧两肋,以肘关节为半径,弯举杠铃至胸前,再还原至前臂与上臂呈 90°,如此反复练习。(图 4-7)

图 4-7

② 训练强度和密度：1 分钟 30 下，每次 2 组，每组间歇 3 分钟。

③ 训练的作用：主要训练胸大肌和前臂屈肌。

(8) 转动杠铃

① 动作方法：两手提自身体重 1/2 左右重量的杠铃，使杠铃由体前横握转为左右垂直竖握，如此往复转动练习。(图 4-8)

图 4-8

② 训练强度和密度：每组左右往复 3 遍，每次 3 组，每组间歇 3 分钟。

③ 训练的作用：主要训练上肢肌群及腰腹固定肌群。

2. 下肢专项力量练习

(1) 杠铃蹲举练习

① 动作方法：将自身体重 1/2 重量的杠铃置于胸前，然后缓慢下蹲，要求两脚掌比髋关节宽 5 厘米，手臂伸直，挺胸弹臀，下蹲时膝关节不能超过脚尖，脚趾抓地，下蹲至臀部与小腿紧贴，静止 2 分钟后再缓慢起立。青少年儿童采用 10～15 公斤的杠铃。(图 4-9)

图 4-9

② 训练强度和密度：每隔 10 天左右进行 1 次训练，每次做 1 遍。

③ 训练的作用：可以有效训练下肢肌群及身体躯干肌群的支撑平衡能力。

(2) 杠铃负重蹲起

① 动作方法：肩负杠铃（自身体重的 1.1 倍），两脚开立，两脚外侧间距 60 厘米，挺胸直腰弹臀，髋关节、膝关节和肩关节在一条线上，脚趾抓地，缓慢下蹲，膝关节不能超过脚尖，下蹲至髋关节低于膝关节时，快速伸展身体并提踵发力，呈静止状态 2～3 秒，还原。注意：下蹲时吸气，伸展起立时呼气。（图 4-10）

图 4-10

② 训练强度和密度：每周 1 次，每次做 10～12 遍。

③ 训练的作用：主要训练股四头肌、臀大肌。

(3) 跳深练习

① 动作方法：站在 80 厘米以上高度的平台上，跳向地面（地面铺有体操垫），落地瞬间迅速起跳，越过 80 厘米的栏架。要求练习时像蛙跳一样连续完成整个动作。随着训练水平的提升，平台高度和栏架高度逐步做相应的提高。

② 训练强度和密度：每周 1 次，每次 10～12 下。

③ 训练的作用：可有效发展下肢肌肉的爆发力。

(4) 拉力跑

① 动作方法：在拔河架上拉动 30～50 公斤的重量，要求握住绳子，身体在 30 秒内快速向后移动 10 米，再用 10 秒释放重量（离地 10 厘米），随后再快速向

后移动拉起。(图 4-11)

② 训练强度和密度:每周 1 次,每次训练 2 组,每组做 2 遍。

③ 训练的作用:可发展小腿肌群的快速蹬伸能力。

(5) 拉轮胎

① 动作方法:运动员连续不断地左右手交替将 30 公斤左右的轮胎拉动 30 米。如果能在 2 分钟内完成,则逐步在轮胎上增加 5 公斤重物,如此循环练习,直至 2 分钟内不能完成。要求挺胸直腰,膝盖微屈,脚趾抓地,足弓隆起,重心控制在脚心偏后;拉动过程中不能停顿。

图 4-11

② 训练强度和密度:每次进行 3～5 组,每组间歇 3 分钟。

③ 训练的作用:发展运动员持续拉动重物的感觉。

(6) 拉橡皮带

① 动作方法:将橡皮带套在双脚踝关节上,上身挺直,颈椎伸直,双脚交替向后移动,在 2 分钟内后移 10 米。如果超过 10 米,则逐步增加橡皮带的拉力系数。训练过程中要有保护帮助,要求保护者用皮带套在运动员的腰部并空握,防止运动员承受不住强大拉力而摔倒或前扑。

② 训练强度和密度:每次进行 6～8 组,每组间歇 3 分钟。

③ 训练的作用:主要训练运动员小腿肌群和大腿后肌群的力量以及脚掌对阻力的感觉。

(7) 弓步马步练习

① 动作方法:身体呈左弓步姿势站立,要求大腿与地面平行,膝关节必须超过脚尖,前脚掌内扣,前脚脚尖对准后脚脚跟,静止 2 分钟,换右弓步 2 分钟,换马步静止 2 分钟。

② 训练强度和密度:每 3 天训练 1 次,每次进行 1 组。

③ 训练的作用:可有效发展下肢肌肉的耐力,提升在静态下的腿部支撑能力。

3. 躯干肌肉专项力量练习

(1) 负重转体:

① 动作方法:身体挺直,两脚自然开立,提拉自身体重 1/2 重量的杠铃至胸前,置于三角肌前束上,肘关节前送,以身体躯干为轴,左右转体至最大幅度。(图 4-12)

图 4-12

② 训练强度和密度:1 分钟 20 下,每次进行 2 组,每组间歇 10 分钟。

③ 训练的作用:主要训练肋间肌、肩带肌群及腹外斜肌。

(2) 负重体侧练习

① 动作方法:肩负自身体重 1/2 以下重量的杠铃,进行左右体侧运动,要求地面体侧至杠铃与地面呈 45°以上夹角。(图 4-13)

图 4-13

② 训练强度和密度：1 分钟 20 下，每次进行 2 组，每组间歇 5 分钟。

③ 训练的作用：主要训练竖脊肌和背阔肌。

（3）负重弓身练习

① 动作方法：肩负自身体重 1/2 以上重量的杠铃下蹲，然后弓身并抬臂至与肩关节平行，再起身直立。（图 4-14）

图 4-14

② 训练强度和密度：1 分钟 15～20 下，每次 3～5 组，每组间歇 2 分钟。

③ 训练的作用：主要训练背部肌肉群。

（4）模仿链球预摆旋转练习

① 动作方法：双手握住拴有 20 公斤重物的绳子，身体挺直，沿身体中轴，像链球预摆动作一样做 360°旋转。女运动员强度减半，青少年采用 5 公斤的杠铃片。（图 4-15）

图 4-15

② 训练强度和密度：每周 1 次，每次 1 分钟。

③ 训练的作用：可有效发展腰腹肌、腹外斜肌、三角肌等肌肉群的力量，同时发展肩胛骨的灵活性。

4. 全身肌肉协调发力练习

(1) 连续性杠铃高立翻练习

① 动作方法：挺胸直腰，目视前方，握法采用普通握或锁握，小腿贴近杠铃，要求杠铃的重心和人体重心尽量吻合，臀部和背部发力，抬臀引膝，将杠铃拉至腹部，再快速伸展髋关节和膝关节，在惯性作用下翻腕将杠铃握住，同时出肘，杠铃置于三角肌前束。(图 4-16)

图 4-16

② 训练强度和密度：初学者用 20～40 公斤的杠铃，每组 5～8 下，每次 3 组，每周 2 次；中级运动员用 40～60 公斤的杠铃，每组 5～8 下，每次 3 组，每周 2 次；高级运动员用 70～100 公斤的杠铃，每组 5～8 下，每次 3 组，每周 2 次。女队员按男队员 40%～60%的强度进行训练。

③ 训练的作用：此练习与拔河运动原动肌的发力相吻合，可以有效发展拔河过程中参与肌的力量，能够有效发展臀大肌、背阔肌、股四头肌和腓肠肌等大肌肉群的力量，同时也能发展手指、手腕、前臂、脚趾和脚踝等中小肌肉群的力量，从而有效地提升全身关节的支撑能力。

(2) 间歇性杠铃高立翻练习

① 动作方法：练习动作同连续性杠铃高立翻。(图 4-17)

图 4-17

② 训练强度与密度：杠铃的重量控制在体重的80%，每5秒翻1次（翻起后迅速松手丢下），在3分钟内翻30次以上为优秀，20次以上为良好，15次为及格。

③ 训练的作用：该练习方法可以有效提升握力、拉力和支撑力，同时提升发力的连贯性和节奏感。

（3）定时杠铃高立翻练习

① 动作方法：练习动作同连续性杠铃高立翻相似，不同之处在于提起杠铃后迅速放至腹部，注意手臂放松，然后利用膝关节和髋关节的伸展发力进行第二次、第三次、第四次……循环练习。（图4-18）

图 4-18

② 训练强度和密度：要求1分钟内完成40次为优秀，30次为良好，20次为及格。

③ 训练的作用：同上。

（4）标准杠铃硬拉训练

① 动作方法：准备姿势挺胸别腰，身体下蹲，人体重心和杠铃重心尽量靠近，髋关节和膝关节内错角大约75°，用臀大肌、股四头肌、腰背肌群的力量把杠铃提起，双手伸直，使重量均匀分布在中心轴的两边，像天平一样撑住杠铃。（图4-19）

图 4-19

② 训练强度和密度:每组 3～5 下,每次 4 组,组间间歇 3 分钟。优秀队员一般可硬拉起比自身重 3 倍以上的重量。一般队员拉 80～100 公斤,女子减半。特别需要注意的是,做完该项练习后应立即进行肌肉和关节的放松练习,如可以进行双杠双臂挂臂摆动 2 组,每组 20 次,使身体充分放松。

③ 训练的作用:该训练主要发展背阔肌、臀大肌、股四头肌和斜方肌的力量,从而加强人体脊椎抵抗拉力的能力。

(5) 杠铃预蹲发力训练

① 动作方法:将 50～70 公斤重的杠铃置于胸前锁骨三角肌前束处,膝关节微屈至 120°～150°,且肩关节、髋关节和踝关节成一条直线,然后伸髋伸膝快速发力,使身体瞬间伸展同时提踵,紧接着还原到预蹲姿势。如此反复练习。(图 4-20)

图 4-20

② 训练的强度和密度:每周 2 次,每次 2 组,每组 8～10 下,组间间歇 3～5 分钟。青少年儿童采用 20～30 公斤的杠铃,且要有保护和帮助措施。

③ 训练的作用:可有效发展全身各关节和肌群的协调用力。

(6) 1 分钟快速挺举训练

① 动作方法:将 30 公斤的杠铃置于胸前,快速预蹲发力至手臂完全伸直后再还原,配合两脚协调用力,循环往复挺举杠铃。(图 4-21)

图 4-21

② 训练强度和密度：1～2 周 1 次，每次要求男运动员在 1 分钟内，快速挺举 80 下，女运动员强度减半。青少年用 5～10 公斤杠铃进行训练，以发展其协调性、灵活性和节奏感。

③ 训练的作用：可有效发展协调性、灵敏性、反应能力。

(7) 投掷实心球练习

① 动作方法：背对投掷区，两脚开立，两手掌心向上握住实心球(或沙包)，并远离身体，膝关节弯曲，身体前倾呈拱形，两臂伸直，膝关节微屈，利用两脚蹬地，腰腹快速向后发力，出手时手臂要远远超过脚跟，同时脚跟要支撑住不能越过投掷圈。(图 4-22)

图 4-22

② 训练强度和密度：实心球重量一般为 2 公斤，青少年控制在 0.5～0.75 公斤，每次投 10～20 下。

③ 训练的作用：可发展全身肌肉和关节协调快速用力能力。

(8) 哑铃蹲举(踞)跳跃

① 动作方法：双手持 10 公斤哑铃于肩两侧，腰背挺直下蹲，利用臀大肌发力向上跳起并上举哑铃，要求起跳时髋关节不能超过膝关节。(图 4-23)

② 训练强度和密度：1 分钟 50 下，每周 1 次，每次 1 组。

③ 训练的作用：主要发展臀大肌和三角肌，及协调平衡能力。

图 4-23

二、速度素质

（一）速度素质的概念及分类

速度素质是指人体在单位时间内完成某个动作或移动某段距离的能力。拔河比赛中情况瞬息万变，机会稍纵即逝，要求运动员具备良好的反应速度。特别是在比赛开始，当裁判员发出开始指令后，如能先于对方率先发力进攻，可为本队创造先发制人的优势，甚至一鼓作气赢得比赛胜利。因此，要求运动员具有良好的灵敏性和反应速度，在听到进攻信号后能快速起动发力。运动员的反应速度，首先是通过其视觉观察，其次是通过听觉的辨别，经过判断然后做出迅速的反应和正确的发力动作。因此，反应速度的练习特点就是使练习者能够根据信号做出迅速反应，信号可以是口号指令、肢体动作等。

拔河运动员的速度素质包括反应速度、动作速度和移动速度。反应速度是指人对外界刺激做出快速应答的能力，如比赛开始时的抢绳，要求运动员在听到裁判员开始口令后快速进行发力。动作速度是指人体快速完成某一动作的能力，如比赛中运动员倒下后快速起立，以及比赛开始抢绳过程中的快速预蹲发力动作等。移动速度是指在单位时间内快速位移的能力，拔河比赛中占据绝对优势时的进攻，要求运动员快速进行向后移动。

（二）速度素质的练习方法

1. 反应速度辅助动作练习

（1）听口令模仿举重的抓举动作

队员做好抓举的准备姿势，在听到教练员开始口令后，迅速模仿抓举动

作，同时两脚起跳，两脚落地时两臂上举呈马步站立，要求整个过程引臀直腰。（图 4-24）

图 4-24

（2）两人模拟散打对战练习

两人进行散打模拟对战，要求进攻方做出各种进攻拳法，防守方根据进攻方来拳快速做出躲闪防守动作。（图 4-25）

图 4-25

2. 根据教练员口令做起动发力练习

（1）听口令做拔河起动动作

练习者在拔河架上（或拉紧固定的绳子）呈拔河准备姿势站立，听到教练员开始口令或手势后迅速起动发力，要求挺胸直腰，两肘紧贴两肋并与上身呈三角形固定，小腿与地面呈 45°，臀部向后下方做后引动作。（图 4-26）

图 4-26

（2）听口令两人（多人）对拉练习

两人（多人）分组分别握紧拔河绳并呈准备姿势站立，在听到教练员开始口令或手势后迅速起动发力，动作要求同上。（图 4-27）

图 4-27

三、耐力素质

（一）耐力素质的概念及分类

耐力素质是指人体不降低工作效率，长时间有效完成运动的能力，也是机体抵抗工作时产生疲劳的能力。

拔河运动员耐力素质的发展水平主要取决于运动员机体的能量代谢水平和拔河比赛所要求的运动员机体的适应能力、技战术效果和心理素质。拔河比赛时间相对较短，一般在1～3分钟，而草地拔河每场比赛时间最长可达30分钟，整个比赛过程中运动员全身肌肉高度紧张收缩，肌肉供能主要以无氧供能为主。拔河比赛中运动员的耐力素质主要表现为腿部和躯干部位肌肉连续收缩发力支撑的能力。比赛中运动员耐力素质的好坏将直接影响运动员技术水平的发挥和比赛成绩。

（二）耐力素质的练习方法

1. 拔河架拉力练习

用正确的拔河姿势，以自身最大拉力的50%～70%拉动拔河架，固定并保持正确拔河姿势。每组训练保持5分钟以上，每次进行5组训练，组间间歇2分钟。

2. 双人或多人对拉练习

双人或多人进行对拉练习，要求双方在对拉过程中不必全力拔拉，用力程度以能够保证双方维持正确的拔河姿势为宜，如此静止对拉2分钟，每次进行5组，组间间歇1分钟。可有效发展运动员的腿部支撑能力。

3. 比赛训练法

多人分组进行连续比赛，要求整个比赛过程按照正规比赛进行，每次训练进行7～10局比赛，局间间歇2～3分钟。

4. 连续翻轮胎练习

运动员连续翻滚汽车轮胎50遍，要求翻滚过程中挺胸别腰。每次训练3组，组间间歇3分钟。

5. 投实心球练习

两名运动员进行实心球对投练习，要求每组投掷80下，每次训练3组，组间间歇2分钟。

6. 平板支撑练习

身体俯卧，双肘弯曲支撑在地面上，肩膀和肘关节垂直于地面，脚趾踩地，身体离开地面，躯干伸直，头部、肩部、胯部和踝部保持在同一平面，腹肌收紧，盆底肌收紧，脊椎延长，眼睛看向地面，保持均匀呼吸。每组保持 60 秒，每次训练 4 组，组间间歇不超过 20 秒。可以有效发展机体的腹直肌、腹外斜肌、腹内斜肌，以及腿部、臀部和背部肌肉群的耐力素质。

四、灵敏素质

(一) 灵敏素质的概念及分类

灵敏素质是指在各种突然的条件下迅速改变身体或身体某部分运动速度和运动方向的能力。灵敏素质是运动员按照自己的意志控制机体协调、准确地完成各种复杂技巧动作的协调能力的表现。灵敏素质是速度、力量、爆发力和协调能力的综合，拔河比赛中的攻防转换及起动发力都需要运动员具有较好的灵敏素质。

灵敏素质可分为一般灵敏素质和专项灵敏素质，一般灵敏素质是指与专项灵敏素质具有一定联系的灵敏能力，专项灵敏素质是指专项所需要的一些特殊灵敏素质。拔河运动员专项灵敏素质主要体现在比赛过程中的各种坐地起立动作、起动发力动作以及攻防转换过程中的身体动作的转换等。

(二) 灵敏素质的练习方法

1. 起动发力练习

运动员以自身最大拉力的 50%～70%拉动拔河架，要求运动员做好拔河的准备姿势，在听到教练员口令后，迅速预蹲发力拉动。练习过程中运动员要时刻保持头脑清醒，集中注意力。

2. 双人或多人交替攻防对拉练习

两组运动员进行交替攻防对拉练习，要求一方进攻时另一方迅速转为防守姿势，双方不定时进行攻防交替转换。练习过程中，运动员要时刻感受对方通过拔河绳所传来的拉力信息，及时进行动作调整，同时保持正确的拔河姿势。

3. 快速起立练习

将拔河绳一头固定住，运动员双手以正确拔河握绳姿势握住绳子另一头，进行坐地起立的动作练习。要求运动员以各种坐地姿势坐于地上，在听到教练员“起立”口令后，迅速做坐地起立动作，起立过程中运动员要保持上身挺直，以正确的拔河握绳姿势依靠腿部支撑和腰腹肌发力迅速起立。

4. 听口令后撤步练习

听教练员口令后，迅速做 10 秒钟小幅快频后撤步，最后双足交替垫步跳返回。

五、柔韧素质

（一）柔韧素质的概念及分类

柔韧素质又称柔韧性，是指人体各关节活动的幅度，肌肉、肌腱和韧带的弹性和伸展能力。柔韧素质是由一定的关节或关节联合的活动范围来体现的。拔河运动中运动员的肩关节、髋关节、膝关节以及腰部等关节是重要的机体支点，比赛中这些关节的活动范围以及周围肌肉和韧带的活动能力将直接影响运动成绩，此外，良好的柔韧素质还可以防止运动员在比赛中的伤病。因此，在拔河运动员体能训练中应加强运动员柔韧素质的训练。

拔河运动员的柔韧素质可分为一般柔韧素质和专项柔韧素质，一般柔韧素质是指运动员在进行一般身体练习时所需要的柔韧素质，如运动员在进行负重深蹲时，所需要的大腿后部肌群和韧带的柔韧素质。专项柔韧素质是指拔河专项运动技术所需要的柔韧素质，如拔河运动员比赛中要保持脚掌与地面的全接触，同时身体与地面的角度尽量要小(低姿拔河)，这就需要运动员的踝关节、髋关节和膝关节具有良好的柔韧素质。

（二）柔韧素质的练习方法

1. 肩部绕环

运动员徒手或手持哑铃进行肩部绕环动作练习，要求运动员尽可能将肩关节的活动范围扩至最大。

2. 各种压腿练习

运动员进行各种压腿练习，如肋木直膝压腿、弓步压腿、高台挂腿体前压等。

3. 负重压踝练习

前脚掌放在高约 10 厘米的台阶上，脚跟着地，肩负轻杠铃进行负重蹲起练习。

4. 负重提踵练习

肩负中等重量杠铃，踝关节做屈伸动作练习，即提踵练习。

5. 双人压肩练习

两人对面站立，双手互相搭在对方的肩上，双臂伸直，进行有节奏的压肩练习。

六、其他一般身体素质练习方法

（一）耐力跑

拔河运动的耐力跑要求尽量赤足，赤足跑步练习有两大好处：一是刺激脚底，有利健康；二是充分拉伸踝关节，增强关节力量和柔韧性。在沙滩或草地上进行 10 000 米的长跑（约 1.5 小时），10 000 米耐力跑分 10 个 1 000 米进行，第 1 个 1 000 米是正常慢跑；第 2 个 1 000 米进行垫步跑；第 3 个 1 000 米进行中等速度跑；第 4 个 1 000 米进行后退跑，注意手脚协调配合；第 5 个 1 000 米进行慢跑和冲刺跑交替的变速跑；第 6 到第 10 个 1 000 米重复上述 5 个过程。

（二）跳绳

要求躯干挺直，膝关节微屈（150°左右），用前脚掌发力，脚跟不能着地。第 1 分钟 120 次，第 2 分钟 180 次，第 3 分钟 150 次，连续进行 3 分钟。每次训练进行 2 组，组间间歇 5 分钟。跳绳练习主要发展运动员手腕的力量和灵活性，防止在拔河比赛中受伤，同时发展人体的心肺功能。

（三）篮球运球上篮

用规范的篮球运球上篮技术进行投篮，自抢篮板球后运球至中场，再次进行运球上篮，如此往返进行 20 次/3 分钟的运球上篮训练。此训练可以培养运动员的节奏感、弹跳力和协调能力，同时改善机体的心肺功能。

（四）游泳

训练中可用各种泳姿进行 10 分钟的游泳训练，游程达 400 米以上。游泳练习常用于大强度训练和比赛过后的放松整理活动，可以较好地使身体各部位肌肉和关节得到充分伸展和放松。

（五）登山

利用节假日进行登山活动，一方面发展运动员的有氧耐力，另一方面由于长期的训练和比赛使人体机能和神经系统产生一定的疲劳和紧张，适当的登山运动可有效缓解机体的疲劳，使神经系统得到放松和调整。

（六）倒爬楼梯

人体在身体直立的情况下，由低到高倒爬楼梯，要求用前脚掌支撑发力，上身挺直。倒爬楼梯可以发展运动员前脚掌的蹬地发力能力，及身体后引的平衡感觉。

第四节　拔河运动员的心理训练

拔河运动员心理训练是指有意识、有目的地发展和培养拔河运动员在进行拔河训练和比赛时所必须具备的各种心理素质和心理品质的教育过程。实施心理训练的主要目的是发展和提高运动员在比赛中达到最高运动水平时所必需的各种心理品质，从而排除训练和竞赛中影响个人或团体竞技水平发挥的各种不良心理状态和消极心理因素。

竞技拔河比赛除了是一场力量的较量外，更多的还是一种团队气势和必胜信念的比拼。良好的心理状态和心理品质可以极大增强团队的自信心、提升队伍气势，从而获得并发挥最佳竞技水平。

一、拔河运动员心理训练的内容

拔河运动员心理训练可以根据训练和比赛的需要、心理训练的目的以及训练的时间阶段划分为一般心理训练和个别心理训练。

（一）一般心理训练

一般心理训练又称长期心理训练，是指在训练和比赛中针对所有拔河运动员都应该具备的心理品质和素质所采取的训练。一般心理训练贯穿于运动员整个体能、技术和战术训练过程中，其主要内容包括：

1. 培养运动员参与艰苦拔河训练和比赛的动机，激发运动员的训练热情和兴趣。

2. 发展拔河运动员专项运动所需要的意志品质，特别是在训练和比赛的关键时刻表现出情绪状态的稳定控制与激发，如顽强的拼搏精神、强大的忍痛能力、赢得比赛的必胜信念和各种比赛形势下的勇敢、果断和镇静的心理品质，以及提升战术配合能力和集体责任感等。

3. 发展各种记忆、想象、战术思维和预测能力，以及通过表象训练学会利用肌肉运动的表象能力。

4. 掌握和熟练运用各种心理自我调节和控制方法手段。

（二）个别心理训练

个别心理训练又称短期心理训练。其主要任务是针对特定的比赛，形成运动员参赛时所必需的特殊心理品质。目的是使运动员在特定比赛的赛前、赛中和赛后形成最佳的心理状态，以保证比赛中最佳竞技水平的发挥。其主要内容包括：

1. 比赛前对特定比赛环境、参赛动机、人际关系、突发事件等方面的心理准备训练，以及各种专门性的心理调节放松、消除心理障碍的训练。

2. 比赛过程中对比赛所需的生理、心理激活水平的激发、控制和调节训练。

3. 赛后对运动员进行的心理调整和辅导训练。

二、拔河运动员心理训练的方法

（一）一般心理训练方法

1. 拉力感知训练

拔河训练和比赛过程中，运动员对绳子拉力大小的感知能力至关重要，比赛中运动员可根据绳子传来的拉力大小来及时调整自身的动作姿势和进攻节奏。在训练中可以使运动员蒙上眼睛，在拔河架上进行不同重量的拉力练习，让运动员通过绳子传来的拉力猜测实际的重量，以此来训练运动员对拉力的感知能力。

2. 集中注意力训练

拔河比赛要求在短时间内爆发出全身力量，因此运动员在赛场上必须全神贯注，集中注意力，而不能出现任何懈怠和精力分散。训练实践常用的方法有：集中注意形象训练法，即结合日常技术动作训练在大脑中回忆动作形象，将注意力始终集中在技术动作形象上；内向集中注意训练法，即运动员将注意力集中在自身某种生理因素上；集中注意自身动作训练法，即运动员将注意力集中至自身的肌肉动作上;单个或连续动作注意训练法,即运动员将注意力集中在单个或连续动作上。

3. 念动训练

念动训练又称表象训练,是指运动员利用自身大脑中已形成的各种技术动作表象来巩固和改进技术动作的训练方法。念动训练要求运动员在完成某个动作前,要对先前大脑已形成的动作表象进行回忆和再现,同时采用简单明确的言语进行自我暗示,并在想象中完成动作。

4. 意志品质训练

训练中通过思想教育以调动运动员的训练热情,并充分发挥榜样作用来激发运动员的积极性。通过设置不同的训练负荷强度、练习难度和不同的训练环境来激发运动员克服困难、艰苦训练的意志品质。此外,训练中还常用自我鼓励、自我暗示、自我约束等方法来控制运动员自身的情感,发展自我控制能力。

(二) 个别心理训练方法

1. 赛前心理训练方法

(1) 比赛动机训练。赛前可通过变换训练环境和条件,客观分析比赛可能取胜的原因,制定相应的奖惩办法和成绩任务等,来有效地诱导和激发运动员的比赛动机,使其形成奋力拼搏、勇夺冠军的必胜信念。

(2) 心理适应训练。赛前通过进行适应场地、环境、裁判、比赛气氛等训练,使运动员与比赛环境之间保持相应的心理协调。

(3) 自我暗示训练。赛前运动员对自身进行心理暗示,相信团队有实力取得比赛胜利,团队通过前期的训练完全可以战胜比赛中的对手,不管比赛中出现任何情况自己都能沉着面对等,以增强自身的自信心。

(4) 心理调节训练。是指有意识地采用各种方法来调节运动员赛前的不良心理状态,如赛前准备会、意念训练、自我暗示、转移注意力、催眠放松、适宜的准备活动等。

① 赛前准备会。教练员通过赛前召开准备会,明确比赛的任务和参赛意义,激发运动员参赛动机,同时对比赛中可能面对的困难和应对策略进行分析,使队员做到心中有数。

② 意念训练。静坐闭目回忆先前比赛中的出色表现,并想象自己在接下来

的比赛中的出色表现，并在大脑中模拟比赛过程，想象自己队伍轻松地将对方拉过来。

③ 自我暗示训练。通过一套指导语，使自己的手、腿、躯干、颈部等全身肌肉得到充分放松。

④ 转移注意力训练。赛前一段时间将自己注意力转移到各种自己喜欢的文娱活动中，尽可能减少比赛所带来的各种刺激，从而使心理得到放松。

⑤ 催眠放松训练。在比赛前一天或前几天对运动员进行引导催眠，使运动员保证充足睡眠，并使其从赛前紧张的心理中解脱出来。

⑥ 适宜的准备活动。可通过小强度、大幅度、慢节奏的准备活动来调节赛前过分紧张的情绪。

2. 赛中心理调控方法

(1) 指挥员的临场指挥。比赛中指挥员（教练员）通过铿锵有力的口号，可有效增强运动员的信心和比赛节奏。

(2) 指挥员的局间指导。指挥员（教练员）是全队的主心骨，教练员的一个表情或一句鼓励性的言语都会使全队信心倍增，教练员可有效利用比赛局间休息的时间对运动员进行场上形势的分析，并通过各种激励性的言语对运动员进行情绪调动和心理疏导。

(3) 运动员自我激励。比赛开始前团队通过各种形式的口号或动作进行相互激励鼓劲，调动全队的比赛激情，增强比赛的自信心。

3. 赛后的心理恢复和疏导

(1) 赛后教练员应及时对比赛过程中的优缺点进行总结，对赛中的优异表现进行表扬和褒奖，对出现的一些问题进行客观分析，并积极鼓励队员做好接下来的训练和比赛。

(2) 赛后组织队员进行比赛之外的各种文娱活动，如郊游活动等，使运动员从紧张的比赛中解脱出来，逐渐恢复正常的心理状态。

第五节　拔河运动员的疲劳与恢复

运动性疲劳是指运动引起的人体肌肉最大收缩或最大输出功率出现暂时

性下降的生理现象。一般情况下的运动性疲劳，经过一段时间的休息和调整后，疲劳会逐渐消除；但如果疲劳长期积累而不能消除，就会发展成为过度疲劳而引起身体某些器官的病变，严重影响运动员的身体健康和运动能力。在训练和比赛过程中，如果采取适当的措施来及时消除训练和比赛中的疲劳，使运动中造成的能量物质的消耗和身体机能的下降得到及时的补充和恢复，不但不会影响运动员的身体健康和运动能力，甚至会出现超量恢复，从而使运动员的竞技水平和训练水平得到提高。

拔河项目是一项静力和动力混合的高强度的运动项目，运动量大、竞争激烈、比赛和训练强度较大，在训练中要求机体能够承受尽可能大的运动负荷，使机体能够适应大强度比赛的要求。长年累月的高强度训练和比赛必然会使运动员机体产生生理性的疲劳，导致运动能力和身体功能的下降，使训练质量下降，进而影响运动成绩的提高。因此，拔河运动员的疲劳恢复训练是每位教练员和运动员都需要重视的问题。在拔河的训练和比赛中常用的疲劳恢复手段和方法主要是按摩、理疗、水浴、蒸气浴、桑拿等物理和生物学恢复手段，以及营养学、心理学和医学等手段。

一、按摩

按摩是一种简单易行且效果显著的运动性疲劳恢复手段。拔河运动员在进行大运动量训练和比赛后进行按摩可增强人体神经系统的调节机能，同时改善机体的呼吸、循环系统机能和物质代谢过程，增强肌肉组织的营养供应以及乳酸等疲劳产物的排除，从而达到疲劳恢复的目的。此外，还能缓解肌肉负荷后的紧张和僵硬程度，舒筋活血，促进肌肉组织机能的恢复。

在按摩过程中，通常利用揉捏、按压、抖动和叩击等手法，对运动负荷量较大的肌肉进行疲劳恢复，对于面积较大的肌肉还可利用肘顶和脚踩等方法进行。按摩过程中要注意按摩部位，一般先大腿后小腿，再依次按摩臀部、腰背、上肢以及头部，并综合采用不同的手法进行按摩，对训练过程中的主要负荷肌肉（如股二头肌、小腿肌群以及臀大肌等）进行重点按摩，时间一般控制在1小时左右。

二、水浴

训练结束半小时后进行冷热交替水浴是最简单易行的消除疲劳方法。可以有效地促进全身的血液循环，加强新陈代谢，有利于机体内营养物质的运输和疲劳物质的排除。冷水温度为 15 ℃左右，热水温度为 40 ℃左右，冷水淋浴 1 分钟，热水淋浴 2 分钟，交替 3 次。也可以单独使用热水浴，但热水浴的时间一般不要超过 20 分钟(10～15 分钟为宜)。

三、睡眠

保持充足的睡眠可有效消除疲劳，恢复精力和体力。人体在睡眠过程中各器官系统的物质代谢水平减弱，物质的合成代谢加强，从而可使运动过程中消耗的能源物质得到补充和恢复。此外，睡眠过程中人体的大脑皮层细胞处于抑制状态，可使训练中长时间处于兴奋状态的大脑皮层细胞的机能得到有效恢复。因此，运动员在高强度的训练和比赛过程中，要养成良好的作息习惯，保持充足的睡眠，加速身体机能水平的恢复，从而保证有充沛的精力和体力进行训练和比赛。

四、整理活动

大运动量的训练和比赛结束后，进行有效的整理活动是消除疲劳，促进体力恢复的一种良好方法。剧烈运动后进行整理活动，一方面可保持心血管系统和呼吸系统的活动仍保持在较高水平，有利于偿还运动中产生的氧债；另一方面，整理活动使肌肉得到充分伸展和放松，促进肌肉的血液循环，加速肌肉中乳酸等疲劳物质的清除，减轻肌肉酸痛和僵硬程度。

（一）慢跑

高强度的拔河训练和比赛过后，运动员身体肌肉常出现乳酸堆积而产生酸胀感，此时可进行 3～5 分钟的慢节奏的放松跑。放松跑可以促进人体血液循环，及时排除肢体肌肉中的乳酸，减少关节僵硬，减轻肌肉的酸痛感。此外，放松跑还可以使训练和比赛中紧张的神经系统得到充分放松。

（二）靠墙倒立抖腿

训练和比赛结束后可通过靠墙倒立抖腿练习来放松腰椎、颈椎及腿部肌肉。要求双臂顶肩靠墙倒立，双手做有节奏的推掌轻跳动作，同时双腿跟随双手推掌进行有节奏的蹬腿抖动，每次进行 3 组，每组 20 秒，组间间歇 1 分钟。

（三）关节肌肉拉伸练习

1. 颈部肌肉拉伸

练习者两脚并拢，头分别缓慢向前后左右倾斜至最大幅度，要求每个方向保持 15 秒，以充分拉伸颈部肌肉。（图 4-28）

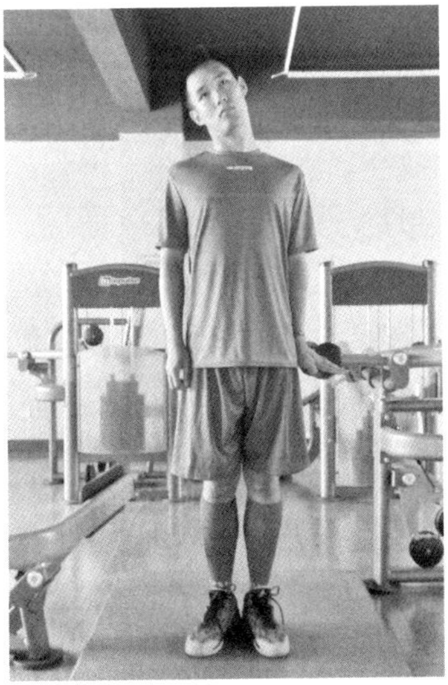

图 4-28

图 4-29

2. 侧背部肌肉拉伸

练习者两脚开立，一侧手臂屈肘抬起，然后用另一侧手扳住屈肘手臂的上臂，并缓慢用力向屈臂手另一侧拉伸至最大幅度，以充分拉伸侧背部肌肉，15 秒后换另一侧进行拉伸。（图 4-29）

3. 肩部肌肉拉伸

练习者两脚开立，一侧手臂屈肘从体前将手搭在另一侧的肩上，然后用另一只手的手腕用力扳动屈肘手臂的肘关节，同时头向屈肘手臂一侧转动，以充分拉伸肩部肌肉，拉动至最大幅度保持 15 秒后换另一侧进行拉伸。（图 4-30）

图 4-30

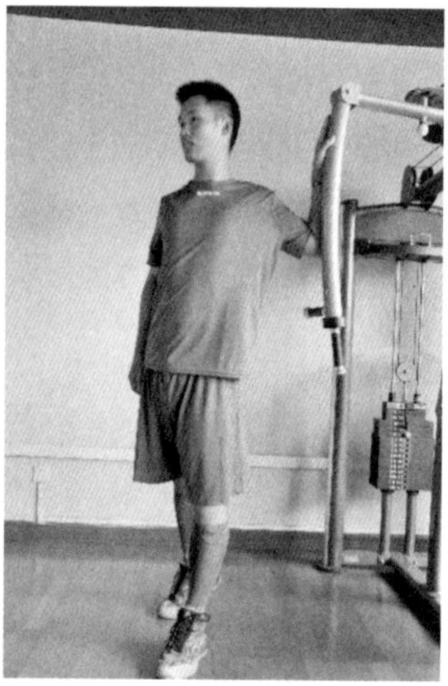

图 4-31

4. 胸部肌肉拉伸

练习者两脚开立，一侧手抓住固定物，且前臂与固定物紧贴，然后身体重心缓慢向前压至最大幅度，以充分拉伸胸部肌肉，拉伸 15 秒后换另一侧进行拉伸。(图 4-31)

5. 手臂肱二头肌拉伸

练习者两脚前后站立，前腿伸直，后腿膝关节微屈，脚后跟抬起，重心在直

图 4-32

图 4-33

立腿上，伸直腿一侧手臂抓住固定物并伸直，然后缓慢向前移动身体重心至最大幅度，保持 15 秒后换另一侧进行拉伸。（图 4-32）

6. 手臂肱三头肌拉伸

练习者两脚自然开立，与肩同宽，一侧手臂屈肘向后，前臂置于头侧，另一侧手扳住屈肘手臂肘关节向屈肘手臂另一侧拉动至最大幅度，以充分拉伸手臂肱三头肌，保持 15 秒后换另一侧进行拉伸。（图 4-33）

7. 臀部肌肉拉伸

练习者呈仰卧姿势，一腿伸直，另一腿屈膝，用双手抱住屈膝腿的膝盖以下小腿部位，然后缓慢向身体一侧拉动，直至最大幅度，以充分拉伸臀部肌肉。要求拉伸过程中伸直腿不能离开地面，保持 15～30 秒后，换另一侧进行拉伸。（图 4-34）

图 4-34

8. 腰椎拉伸

练习者呈仰卧姿势，双腿屈膝，用双手扳住膝关节后侧部位，然后缓慢向头部拉动靠拢，要求拉伸过程中臀部和肩关节保持抬起并向中间靠拢，以充分拉伸腰椎关节。（图 4-35）

图 4-35

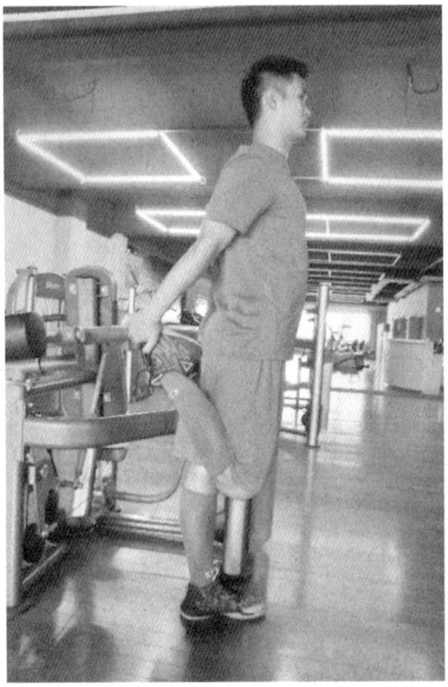

图 4-36

9. 大腿前侧拉伸

一只手握住固定物保持身体平衡，另一只手扳住同侧的脚背，并缓慢用力向臀部拉伸至最大幅度，保持 15 秒后换另一侧进行拉伸。（图 4-36）

图 4-37

10. 大腿后侧拉伸

身体呈仰卧姿势，一腿屈膝支撑，另一腿抬高伸直，并用双手扳住小腿，双手缓慢用力向身体一侧拉伸，充分拉伸大腿后侧肌群，30 秒后换另一侧进行拉伸。（图 4-37）

11. 大腿内收肌拉伸

双腿屈膝，两脚掌相对紧贴坐于垫上，双手置于脚背或膝盖上，上身缓慢用力前倾下压，以拉伸大腿内收肌肉群。（图 4-38）

图 4-38

12. 小腿肌肉拉伸

双手抓住固定物保持身体前倾，双脚前后分腿站立，前腿膝关节微屈，后腿蹬直，然后缓慢向前移动身体中心，移动中保持后腿始终绷直并拉伸小腿肌肉，15 秒后双腿交换拉伸。（图 4-39）

图 4-39

13. 腹股沟拉伸

后腿单膝跪地呈前后弓箭步站立，上身挺直，双手抓住固定物，保持跪

地腿膝盖不动，身体重心前移并拉伸腹股沟，30 秒后换另一侧进行拉伸。（图 4-40）

图 4-40

14. 外展肌拉伸

练习者坐于垫上，一腿伸直，另一腿屈膝，伸直腿同侧手臂扳住屈膝腿膝关节，身体缓慢向屈膝腿一侧转动，直至双手完全放于身体一侧，以充分拉伸腿部外展肌群，保持 15 秒后换另一侧进行拉伸。（图 4-41）

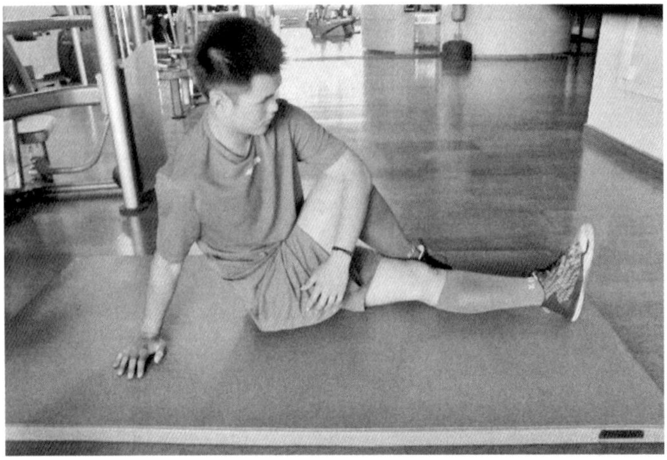

图 4-41

15. 腿部后侧肌群拉伸(压腿)

练习者一腿伸直站立,另一腿伸直抬高置于与腹部同高的固定物上,上身缓慢向抬高腿的大腿靠拢至最大幅度,同时双手尽力向脚尖靠拢,要求压腿过程中膝关节保持直立,保持 15 秒后换另一侧腿进行拉伸。

16. 背阔肌拉伸

练习者两脚分腿站立,双手伸直紧握固定物,并将身体往后倾,膝关节弯曲,两腿向地面施力,手臂向后拉,使背阔肌得到充分拉伸。(图 4-42)

图 4-42

五、营养膳食

能量供应不足,各种营养物质消耗增加,也是运动中疲劳产生的重要因素之一。运动后科学合理的营养膳食,可有效补充运动员因运动而造成的物质能量的消耗,修复机体内部的损伤,消除机体的疲劳,恢复体力。拔河运动员在训练和比赛中对肌肉质量的要求较高,因此在平时的营养膳食中需要增加富含蛋白质的物质供应,同时增加 B 族维生素和微量元素的补给,从而促进肌肉蛋白质的合成。此外,应多吃各类蔬菜、水果等碱性食物,以增加人体的碱储备。

六、药物

适量地应用一些药物可有效帮助消除疲劳。例如，黄芪、刺五加、三七等可有效调节中枢神经系统的功能，同时起到扩张冠状动脉和补气壮筋的作用，对促进疲劳的消除有较好的效果。此外，维生素 B_6 能直接作用于肌肉系统和循环系统，从而消除肌肉的疲劳，提高肌肉工作效率。

七、意念活动

意念活动是一种有效消除运动疲劳的心理恢复手段。主要通过一系列的暗示语进行引导，从而使人体的肌肉和心理得到充分放松。如暗示性的睡眠休息、肌肉松弛和心理调节，以及在安静的环境中听一些轻音乐等，都可使运动员的身体和心理得到有效放松和恢复。

第五章 拔河运动的训练准则和比赛指导

第一节 拔河运动的训练准则

一、训练的目的和任务

（一）训练目的

拔河训练的目的是通过长期系统化和科学化的训练，不断提升运动员的竞技能力和运动技术水平，争取在重大比赛中取得优异的成绩，为集体和个人争取荣誉。

（二）训练任务

1. 根据拔河项目的特点和竞赛需要，通过系统科学的训练过程，不断改善专项身体素质，为提升专项技战术能力奠定身体素质基础，同时不断增进健康水平。

2. 了解国内外拔河技术和战术发展动向，不断将先进的训练方法和手段应用到实际的训练中，以不断提升技战术水平和比赛能力，从而在重大比赛中取得优良成绩。

3. 培养良好的心理素质，养成不怕苦、不怕累、顽强拼搏、奋勇争先的意志品质，调节运动员的心理状态，并提升在训练和比赛中适应和应对各种外界环境变化的能力，从而在比赛中取得优异成绩。

二、训练原则

（一）竞技需要原则

竞技需要原则是指根据提高运动员竞技能力及运动成绩的需要，从实战出发，科学安排训练的阶段及训练的内容、方法、手段、运动负荷等要素的训练原则。坚持该原则可使训练能够更好地结合拔河项目的特点以及拔河竞赛的需要，提高训练的针对性、实战性和实效性。

在拔河运动训练中贯彻竞技需要原则，首先，要做好对拔河运动项目的专项竞技能力结构特点的正确分析，找准决定拔河运动成绩的关键要素，并根据项目竞技需要来确定实际训练中的训练内容和手段方法。其次，还要对全队队员的实际竞技能力结构状态做出科学的诊断，并根据不同运动员的特点做出相应的训练安排。

（二）动机激励原则

动机激励原则是指在运动训练过程中，通过各种方法和途径激励运动员产生积极主动参与艰苦训练的动机和行为的训练原则。采用动机激励原则的目的是促使运动员在训练过程中能够积极主动参与训练，培养运动员独立思考能力、创造能力和自我调控能力，促使他们自觉、高效地完成各项训练任务和安排。

贯彻动机激励原则，要求在拔河运动训练过程中，要加强运动员进行训练的目的性和正确价值观教育，使他们认识到获得优异运动成绩对集体和个人的重要性，从而获得激励和鼓舞；要关心运动员的生活和学习，满足他们的合理需求；注意运用符合不同年龄阶段运动员的个性心理特征的多样性手段，从而激发运动员参与训练的兴趣；让运动员了解训练的目的、任务、要求及安排，使他们也参与训练计划的制定过程，充分发挥运动员在训练中的主体作用；同时教练员要以身作则，树立良好的榜样和威信，并在拔河训练过程中成为运动员的精神支柱。

（三）周期性原则

周期性原则是指在训练过程中，必须遵循运动员竞技状态形成和发展的周期性变化规律，并根据不同比赛的竞赛安排进行周期性运动训练的训练原则。采用周期性原则的目的，是将运动员竞技状态的形成与比赛的日程安排相适应，以取得最佳比赛成绩。

运动训练的周期通常分为多年训练周期、年度训练周期、大训练周期、中训练周期、小训练周期等。在贯彻周期性原则时，要根据不同比赛的竞赛日程来对训练周期进行系统、连贯的安排，以确保在运动员在比赛过程中的最佳竞技状态。

（四）针对性和个体化原则

针对性和个体化原则是指在运动训练过程中，根据不同运动员的性别、年龄、身体条件、训练水平以及训练状态等方面的差异，有针对性地对训练的内容、目的、方法和手段等做出个体化的合理安排，从而提高运动训练效果的训练原则。

贯彻针对性和个体化原则，要求在拔河训练过程中正确处理共性和个性的关系。由于拔河运动是集体项目，所有运动员的训练有一定的共同特点，然而不同运动员个体的条件又存在一定的差异性，因此，实际训练过程中，在制定全队整体训练计划和安排时，还要对运动员的个体状况进行全面科学的诊断，并建立符合个体特点的训练模式和训练安排。

（五）适宜负荷原则

适宜负荷原则是指根据运动员的现实可能和人体机能的训练适应规律，以及提高运动员竞技能力的需要，在训练中给予相应的负荷强度和量度，以取得理想训练效果的训练原则。在训练过程中，运动员机体对适宜负荷产生适应，但如果负荷强度过小，则机体不会产生相应的应激反应，得不到理想训练效果；如果训练负荷过大，则引起运动员机体机能状态产生劣变反应，影响运动员的身体健康。因此，在训练过程中要对训练负荷进行合理的监控。

贯彻适宜负荷原则，要求在拔河训练过程中正确理解负荷的构成，负荷包括负荷量度和强度两方面，前者表示对机体刺激的量的大小，后者表示对机体刺激的深度，训练中制定训练计划时要综合考虑负荷的两个方面。拔河训练中随着运动员身体机能水平的提升，要做到循序渐进地增加训练负荷，同时加强对运动员竞技能力状态的科学诊断，合理安排负荷强度和量度。

（六）适时恢复原则

适时恢复原则指及时消除运动员在训练中产生的疲劳，并利用生物适应过程的超量恢复，提升运动员的机能水平的训练原则。科学合理的疲劳恢复手段和方法，能尽快消除运动员机体的疲劳，为进一步强化训练奠定良好身体基础，同时可以避免过度疲劳的产生。

贯彻适时恢复原则，要求综合考虑运动员训练过程中的即刻恢复，以及训练结束后的自然恢复和专门恢复；根据不同训练内容、负荷强度、训练方式等，有针对性地选取最有效的恢复手段和方法进行疲劳恢复；此外，还要加强对运动员身体机能状态和恢复过程的科学监控。

（七）系统性原则

系统性原则是指持续地、循序渐进地组织运动训练过程的训练原则。系统性原则指出，运动员只有通过长时间、持续性的系统训练，才有可能攀登上竞技运动高峰。同时必须循序渐进式地增加训练负荷，而不是突变式地猛增负荷，才能取得最理想的训练效果。在拔河训练过程中，要建立和健全多级训练体制，对运动员进行多年的系统训练，科学合理地制定不同阶段的训练计划，同时完善运动训练的组织和管理体制，从而保证运动员训练的系统性。

三、训练计划的分类

科学系统地开展拔河训练，首先要制定切实可行的训练计划，训练计划是对未来训练的理论设计，对实施科学化的训练具有重要的作用和意义。训练计划有利于对整个训练过程进行有效的控制，有利于对训练工作进行科学客观的评价，有利于训练目标的最终达成。

训练计划按照训练时间长短和周期结构，通常分为多年训练计划、年度训练计划、阶段训练计划、周训练计划、课时训练计划。

（一）多年训练计划

多年训练计划是指对运动员从开始训练到成为优秀运动员全过程的训练规划，是制定年度和阶段训练计划的重要依据。多年训练计划的内容主要包括运动员经过多年训练，在竞技水平、运动成绩以及个人特点等方面要达到的训练总目标，以及为此所采取的各项具体措施和途径；对不同阶段和年度训练负荷、训练内容、训练和比赛任务等的总体安排；测评多年训练水平的指标选取和时间安排等；对多年训练过程中参加主要比赛及比赛成绩的发展规划等。

（二）年度训练计划

年度训练计划是以年度为单位来进行训练计划安排，是制定阶段训练计划的依据，也是多年训练计划的组成单位，只有一步一步完成各年度的训练计划所规定的训练目标和任务，才能保证多年训练计划目标的实现。

年度训练计划内容包括周期的划分、年度训练目标和任务；对运动员技术、战术、体能、心理和智能等竞技能力组成要素在年度训练中的具体要求；对全年需要参加的主要比赛和时间的具体安排；对年度各周期训练负荷、内容和任务的具体规划等。

（三）阶段训练计划

阶段训练计划又称为周期训练计划，是对全年训练计划不同阶段的训练进行的规划，能够有效地保证年度训练计划以及大周期训练目标的实现。阶段训练计划按照时间长短可以分为大周期（年）、中周期（月）和小周期（周）训练计划。阶段训练计划一般包括准备期、比赛期和过渡期。

阶段训练计划的基本内容主要包括不同训练时期训练的目标和任务；训练总周数和时数；不同训练内容的具体时数分配；训练的内容、方法、手段、负荷安排等；训练水平测评的内容、时间与标准等。

（四）周训练计划

周训练计划是指以周为单位进行的训练计划安排，周训练计划需要对每周训练的时间、内容、方法、手段、运动负荷等内容进行具体安排。周训练计划是年度训练计划的构成单位，通过周而复始的周训练计划的执行，从而逐步实现年度训练计划的目标和任务。周训练计划的基本内容主要包括训练的具体时间安排；技术、战术、体能、心理素质等训练内容的具体内容和比重安排；运动负荷和训练手段等。根据训练的任务和内容，周训练计划又划分为基本训练周、赛前训练周、比赛周和恢复调整周。

（五）课时训练计划

课时训练计划是对一堂训练课的具体安排。课时训练计划是根据周训练计划的目标和任务要求，对每堂训练课的具体训练内容、方法、手段、运动负荷、具体训练操作流程和时间分配等内容制定的具体实施方案。课时训练计划主要分为准备部分、基本部分和结束部分，具体包括课时训练的具体内容、时间分配、负荷大小、方法手段、组织形式、训练要求以及训练小结等内容。根据课时训练的任务和内容，又划分为技术训练课、战术训练课、体能训练课、检验比赛课、调整训练课和综合训练课等。

四、拔河运动员的选材

科学的选材是运动训练工作的重要环节，选材的科学性和正确性一定程度上决定了训练的成功率。拔河运动员的选材是根据运动项目的特点，以科学的测试和预测手段，正确地选拔出那些先天和后天条件优越的运动人才。在拔河运动员选材过程中主要考虑身体形态、生理机能、身体素质、心理品质、智力水平、基本技战术等方面的指标内容。

（一）身体形态

拔河运动员理想的身体形态要求手大，能握紧绳子，且不易疲劳；脚也要大，才能获得较大的面积支撑；腰相对要短一些，才能增加力矩，增强用力效果；肩要宽且圆，肩关节稳固性好；臀要圆，能沉得下去。现代拔河是分体重级别的，由于受体重的限制，再加上项目的特殊性，在体重、力量等综合素质相同的条件下，身高越高越好。如两个人，一个身高 1.8 米、一个 1.6 米，体重都是 70 公斤，都能举起 100 公斤，那肯定是 1.8 米的能力强，因此在条件相同的情况下，身高越高越好。国外 560 公斤和 600 公斤级别的世界冠军队伍中，队员身高达到 1.85 米以上的，硬拉都在 200 公斤以上。因为身高越高力矩越长，工作距离也越长。

（二）身体素质

1. 力量耐力

拔河运动要求运动员具有良好的力量耐力，一般选队员的标准是能否提起自身体重 2 倍以上的重量，或者在拔河拉力架上拉起体重 1.5 倍以上的重量，且能坚持 1 分钟以上。常用的耐力测定指标有：800 米和 1 500 米跑，男子应达到 2 分 40 秒和 5 分 30 秒以内，女子应达到 3 分 20 秒和 6 分 40 秒以内。等张力量测试：要求身体直立、手臂伸直负重 15 公斤，男子 1 分钟以上，女子 20 秒以上；半蹲马步负重 20 公斤，男子 40 秒以上，女子 15 秒以上。

2. 柔韧性、灵活性和稳固性

拔河运动的项目特点，要求运动员还需要具有较好的柔韧性、灵活性和稳固性。因为拔河是倾斜向后发力的运动项目，在惯性、拉力的作用下，只要不影响支撑、连续支撑，人体与绳子、地面的内错角越小越好，这样才能产生最大的拉力和消耗对方实力，为夺取胜利提供保障。因此拔河项目对运动员身体的柔韧性、灵活性和稳固性要求较高，良好的柔韧性和灵活性还可以增加肌肉的发力效果，同时预防和减少伤害事故的发生。

（三）心理品质

拔河运动员要具有坚忍不拔、坚持不懈的顽强意志，不怕苦不怕累、团队合作等心理品质。

第二节　比赛的指导

指导比赛是教练员在实际的比赛中，综合考虑对手的实力水平、比赛环境以及竞赛规程等多方面因素制定比赛方案，以保证我方队伍能够在比赛中充分发挥自身的竞技水平，争取获得良好的比赛成绩和名次。

一、赛前准备

赛前准备的主要内容是多渠道收集比赛赛程、竞赛对手、比赛环境以及队员的竞技状态等多方面的情报信息，根据比赛对手的竞技实力和优劣势制定最佳的比赛方案和战术策略，有针对性地做好运动员的思想、心理、技战术等方面的准备。

（一）比赛方案的制定

比赛方案是全队比赛的指南。在抽签结果公布后，根据以往的比赛记录和对战数据，对比赛对手进行深入细致的研究分析，并尽可能多地获得对手在实力水平和特点等方面的情报信息。同时结合本队队员的实际情况，召集所有队员共商应对策略，从而针对每个对手和每场比赛来制定切合实际、行之有效的比赛方案。基本内容主要包括：阵容的配备、替补队员的换人计划、战术打法以及应对赛场上可能出现的各种突发问题的策略。

（二）对比赛形势进行预判和分析

在对本方队员竞技状态、对手实力以及竞赛环境进行全面分析的基础上，对未来比赛中可能出现的问题进行全面预判，制定应对策略。

（三）运动员的赛前动员

赛前教练员还需要对全队队员的思想和心理状态进行全面动员，及时了解队员赛前的心理状态，并适时对运动员进行思想教育，调动全队的积极性和凝聚力，确保在心态上能够集中全队意志，增强队员信心，并排除一切干扰杂念，使队员进入良好的临战状态。

（四）对比赛环境进行全面调查分析

在赛前还要对赛场的交通、气候、饮食、观众、场地、器材、裁判员的判罚等比赛环境进行全面调查，对可能出现的问题进行预测，制定应对策略，并及时向队员传达和指导。

（五）赛前训练

目的是使运动员调整到最佳的竞技状态。在训练中主要强化技术训练和战术配合，以及专项素质训练；同时进行队员的心理疏导，增强信心，消除紧张和焦虑情绪，最大限度地调动队员的参赛积极性和必胜信念。

二、赛中指挥

拔河比赛的指挥员可进入现场，一般由教练担任。与其他项目不同的是，拔河比赛指挥员能上场指导，指挥员既是教练员又是间接参与者，是全队核心人物。指挥员主要负责鼓舞全队斗志，指挥全队行动，根据赛场上的变化，迅速果断采取正确的对策，因势利导，夺取胜利。指挥员是全队的灵魂。

（一）指挥员的任务

比赛开始前，指挥员负责带领全队做准备活动，并在裁判员的主持下挑选场地。在裁判员发出“预备”口令后，指挥员要检查全队队员的站位、握绳、距离、身体姿势、绳子的高度以及全队队员是否集中注意力等。比赛开始后，指挥员负责指挥全队的行动，观察场上的形势，并根据不同的情形因势利导。每局或每场比赛结束后，指挥员带领全队做好整理活动，并对比赛情况进行总结分析。

（二）指挥员的作用

1. 保证全队行动同步

拔河运动是一项对团队协作配合要求极高的项目，8 名运动员个人拉力水平再高，如果在比赛中不能做到行动同步、用力一致，则不能产生良好的合力，也不能发挥全队的真实水平，甚至输掉比赛。比赛中指挥员可以有效地使队员的力量集中发挥出来，尽可能使全队的力量形成“1＋1＝2”的效果。

2. 鼓舞全队士气

拔河比赛是一场双方斗志和士气的较量。指挥员通过抑扬顿挫、气势磅礴的号子，可较好地激发全队的斗志和士气，从而为取得胜利全力以赴，奋力拼搏。

3. 审时度势，战术取胜

拔河比赛过程中情况瞬息万变，指挥员在场上需要时刻关注双方队员在场上的实际情况，对全队的战术打法及时地进行调整和指挥，使全队的行动在预定的战略战术下进行。

（三）指挥号子

指挥号子通常用于民间业余拔河比赛，在专业比赛中指挥员不允许采用号子进行指挥。指挥员的指挥号子非常重要，号子喊得好，不仅可以使全队队员用力一致，行动同步，而且还可以振奋全队的士气和斗志。喊出的号子不能自始至终一个调子，要根据场上不同情形喊出轻重缓急和抑扬顿挫的变化。

号子没有一定的程式，可根据全队的特点和平时训练进行创造，但号子必须要简洁明了，并且喊出时要有气势。常用的号子有“一-二”“哎-嗨”“嗨召”“撑住”“开拉”等。

此外，除了号子指挥外，指挥员还可以根据场上对手以及本方队员的实战情形，通过语言交流传达指令，来对全队或个人的行动进行指挥，如“下降重心”“脚撑住”“某某打开肩”等。

（四）指挥的要求

1. 密切关注临场变化

比赛过程中情况瞬息万变，稍不注意可能就会输掉比赛。因此，教练员在场上实施赛前预先制定的比赛方案的同时，还必须时刻关注对方及本方队员的场上情况，包括攻防态势、身体姿势、面部表情以及队伍的整体阵脚等，对本方及时做出战术调整和指挥，特别是在双方实力相当的情况下，教练员的指挥将起到决定性作用。

2. 合理利用换人机会

比赛中双方各有一次换人的机会，教练员要及时根据比赛场上的情况变化，合理地利用换人机会，要在尽可能掌握各队实力情况下，在最适当时让替补队员上场，以实现对战术策略和比赛方案的调整。

3. 充分利用局间休息时间进行指导

要充分利用局间休息时间，对上一局的比赛情况进行分析，指出问题，同时布置下一局的策略和注意事项。

三、赛后总结

比赛结束后，教练员需组织全队进行赛后总结分析，进而不断提升全队对比赛的认知水平，为以后的训练和比赛提供参考。总结内容主要包括：比赛目标和任务的达成情况；比赛方案是否切合实际，执行情况如何，存在哪些方面的问题；战术配合是否默契，战术策略是否有效；全面分析比赛胜败的原因，并进行批评和自我批评，同时对表现良好的队员进行鼓励和表扬；提出后续训练和比赛的策略和发展设想等。

第六章　拔河竞赛组织与编排

第一节　拔河竞赛的组织

拔河运动既是一项普及性较高的群众性体育项目，也是一项竞技体育项目。通过拔河竞赛可以活跃和丰富文化生活，培养团队精神，激发进取精神，促进社会精神文明建设。此外，通过举办和参加不同类型的国际比赛，还可以促进不同国家之间的国际交流，提升我国的国际影响力。根据拔河竞赛的目的和任务的不同，拔河竞赛主要有以健身为目的的群众性拔河赛事、以竞技为主的竞技拔河赛事以及特定人群参加的拔河赛事。要组织一场拔河竞赛，需要做好赛前准备工作、赛期工作和赛后工作。

一、赛事筹备阶段工作

（一）成立竞赛组织委员会

拔河赛事的具体筹备工作主要由竞赛组织委员会来承担。通常情况下，拔河竞赛组织委员会的组织机构包括办公室、竞赛部、宣传部、行政接待部、场地器材保障部、安保部、医疗卫生部、财务部、市场开发部等。

1. 办公室

主要负责整个拔河赛事的总体策划，综合协调主办方、承办方以及各部室之间的工作问题。如制定竞赛规程和日程安排；公文、档案、印章及文印等工作；值班安排工作；会同市场开发部负责门票的设计、制作、分配与管理等工作；以及上级领导交办的各项其他事务。

2. 竞赛部

主要负责拔河竞赛的组织管理相关工作，如比赛报名、秩序册印制、工作方案的制定；竞赛经费的预算、审核和报批等；拟制各类竞赛表格（日程安排表、场馆示意图、总秩序册、竞赛指南及总成绩册等）；竞赛信息的统计、发布、公告工作；制定竞赛场地器材的购置方案和管理细则；比赛成绩的核算和公布；兴奋剂检测工作；运动员的资格审查工作；参赛队伍的管理工作等相关工作；裁判员的组织培训及工作职责分配；仲裁委员会的人员安排及职责分工；制定颁奖工作实施方案及颁奖仪式程序；以及上级领导交办的其他各项事务。

3. 宣传部

主要负责赛事的宣传工作，如赛事相关宣传材料的策划、编制、发放或播出工作；新闻的发布、对外宣传和对上报道；媒体记者的邀请、接待以及相关采访的安排工作；比赛的现场直播和转播相关工作，以及各类赛事音像制品的录制和发行工作；赛事官方网站的维护和管理工作；根据主办方制定的相关奖项的评选方案（如体育道德风尚奖等），与竞赛部共同制定具体的实施细则，并做好证书、奖品以及颁奖等相关工作。

4. 安保部

主要负责比赛期间的各项安保工作，如比赛期间突发事件的处置工作；交通疏通管理和车辆停放等工作；对所有人员和车辆证件的制作、管理发放、审查等工作；以及警卫工作等。

5. 行政接待部

主要负责比赛期间参赛来宾的接待工作，如来宾的食宿安排、返程票务、乘车安排工作等；来宾的接送工作；接待宴会组织工作；赛事期间为来宾举办的观光旅游和休闲娱乐等活动的组织安排；以及上级领导交办的其他相关工作事宜。

6. 场地器材保障部

主要负责比赛的场馆、拔河器材的准备工作，如比赛和训练场馆的建设或租赁工作；场地的布置及分配工作（报到处、检录处、称重室等）；拔河器材和相关比赛设施的购置、租赁及运转保养等工作；配合竞赛部按照竞赛标准、程序和规范对器材设施进行审核检查及管理。

7. 医疗卫生部

主要负责比赛期间的伤病医疗保障工作，如比赛过程中出现的伤病、疾病的急救工作；食品卫生的监督工作；赛场的医疗设点和医务人员分派工作；以及上级领导交办的其他相关工作。

8. 财务部

主要负责制定和履行赛事筹办的各项财务制度及管理办法，并通过开设筹委会经费独立账户，对赛事的财务管理工作进行全面落实。如制定组委会经费开支标准，并报送组委会秘书长会议审批后执行；编制各项各类经费开支的工作流程及财务决算方案；编制财务核算报告，并及时报送组委会；制定赛事组委会财产物资和器材设施的管理办法，并按规定做好各项财产物资的管理工作；制定赛务人员的工作职责和财务结算办法，并按规定对相关人员进行劳务或相关费用的结算。

9. 志愿者工作部

主要负责做好各种志愿者活动的组织协调工作，如志愿者的招募、培训、调配、表彰等工作，为比赛期间的各项活动及比赛项目提供志愿者服务。

10. 市场开发部

主要负责赛事相关市场开发资源的整合工作，如商业赞助的推广、门票的销售、特许经营业务以及其他各类商业资源的开发。

（二）制定竞赛规程、竞赛秩序册和竞赛规则

1. 竞赛规程

竞赛规程是体育赛事组织管理的纲领性文件，通常由赛事的主办单位拟定，并向各参赛单位和承办方征求意见，最终由主办方进行修订并下发给竞赛组织者和参赛单位。竞赛规程通常包括：(1)赛事的名称；(2)竞赛目的；(3)主办单位和承办单位；(4)竞赛时间和地点；(5)报名和报到日期；(6)参赛单位；(7)运动员的参赛资格；(8)参赛办法；(9)竞赛办法；(10)录取名次和奖励办法；(11)未尽事宜和规程解释权等内容。

2. 竞赛秩序册

竞赛编排工作是保证竞赛顺利进行的重要环节，竞赛秩序册则是竞赛编排工作的文字体现。竞赛秩序册通常包括：(1)竞赛名称；(2)竞赛的时间和地点；(3)主办单位和承办单位；(4)竞赛规程及补充规定；(5)竞赛组委会及各部室人员名单；(6)裁判委员会名单；(7)仲裁委员会名单；(8)参赛单位名单及简介；

(9)竞赛日程安排;(10)竞赛分组;(11)其他竞赛活动安排;(12)竞赛场馆地形图;(13)历届比赛成绩表等内容。

3. 竞赛规则

竞赛规则是对竞赛技术规范、成绩判定及比赛场地器材的规定,是运动员比赛行为规范和裁判员执法的依据。

(三) 制定工作计划

根据竞赛规程的要求,具体安排各处各部门的工作日期计划,将比赛各项工作的时间和任务落实到位,保证竞赛顺利进行。

二、赛事举办阶段工作

(一) 组织竞赛

1. 比赛的组织

比赛的组织工作是整个赛事组织工作的核心环节,所有工作都围绕比赛的顺利进行展开。比赛的直接参与者是运动员、教练员、裁判员、领队、医务人员等,具体的比赛组织工作主要包括运动员的报名、资格审查、比赛的分组抽签、比赛的编排、报道、称重、检录、比赛、兴奋剂检测等环节的组织工作。比赛的各项组织工作的进行都是在筹备阶段制定的竞赛规程指导下有序开展,它明确规定了比赛的赛程、资格、规则、奖励、处罚办法等基本准则,因此制定好竞赛规程是确保竞赛顺利进行的重要保证。

2. 竞赛成绩的统计和公布

竞赛成绩的统计和公布是组织竞赛的重要环节,是参赛单位和媒体的关注焦点。主要包括各场比赛的成绩记录;往届纪录的统计工作;成绩的统计、传输、查询和公布工作等。

3. 评奖和颁奖工作

评奖和颁奖工作主要包括制定竞赛评奖工作实施方案及颁奖仪式程序;设计制作奖杯、奖品、证书等,同时统计各类奖品和证书的数量;布置颁奖环境;设计准备颁奖过程的背景音乐、邀请颁奖嘉宾;颁奖礼仪工作等。

(二) 开闭幕式活动

赛事的开闭幕式是代表比赛的顺利开始和圆满落幕的标志性事件,通常邀请党政机关领导、知名运动员、赞助商及相关社会团体等人士作为嘉宾，进行开幕致辞及闭幕总结，并对获奖参赛队进行表彰奖励。开闭幕式的程序通常包括赛事组委会领导致欢迎辞，赛事的主办方领导宣布开幕，运动员和裁判员代表宣誓讲话等环节。

（三）其他相关活动

在开幕式前一天，赛事的主办方和承办方通常共同组织领队、教练员、裁判员进行联席会议，并介绍比赛的相关技术情况；举行新闻发布会，向媒体介绍赛事筹备情况；组织召开组委会会议，由组委会领导介绍赛事筹办情况和比赛期间的主要活动安排，并根据计划向组委会各级单位代表提出具体的工作要求和任务。在闭幕式当天，组织召开组委会全体会议，由组委会领导总结赛事的举办情况，并对优秀运动员和团体进行评选，同时向赛事的承办单位及委员进行答谢。

（四）注意事项

1. 严格按照竞赛规程和规则组织比赛。

2. 全面周密地做好各级别比赛的时间、顺序、资格审核及比赛成绩公布等工作，并做好应对突发情况的预案，如更改比赛日期和时间，要及时通知相关部门和参赛队。

3. 安保部门要认真严格做好各项安全和维护秩序等工作。

4. 裁判组保证裁判工作顺利进行。

5. 全面做好医务和卫生监督工作，及时处理比赛期间的各种伤病，确保赛事的正常进行。

6. 组织好赛事的各项宣传报道工作，及各种奖项的评定工作，如体育道德风尚奖等。

7. 仲裁委员会负责复审和处理竞赛期间比赛规则、竞赛规程等实施中出现的纠纷，提出的各项申诉、控告等应及时处理，确保比赛正常进行。

8. 组委会要及时与各参赛队沟通交流，听取竞赛中出现的问题和改进意见，必要时召开领队、教练员、训练员、裁判员和运动员的相关会议，及时处理比赛中出现的各种问题。

三、赛事收尾阶段工作

（一）及时统计各场比赛的成绩，排出比赛名次。

（二）印发成绩册，安排办理各队离会的事宜。

（三）进行财务审计、资产处置等相关工作，总结表彰优秀团体，答谢组织者、支持者和协助者，同时完成总结报告并及时递交上级审批。

第二节　拔河竞赛的赛制与编排

拔河比赛的竞赛形式通常包括预赛、半决赛和决赛。预赛采用分组单循环的赛制，半决赛和决赛采用淘汰制，如需要设立复赛则同样采取淘汰制(三局两胜)。预赛产生四支队伍进入半决赛，半决赛中的两个负队争夺季军，两个胜队争夺冠军。

一、预赛的编排方法

预赛通常采用分组单循环赛制，单循环赛制是指同组的所有参赛队，在比赛中都要相遇一次，最后根据各参赛队在循环赛中的全部成绩积分排名，决定进入半决赛(或复赛)的参赛队。

（一）比赛轮数和场次的计算

1. 比赛的轮数

当参赛队数为单数时，比赛的轮数即为参赛队总数，如有 11 支队参赛，则比赛轮数为 11 轮；参赛队数为双数时，比赛的轮数即为参赛队总数减 1，如有 12 支队伍参赛，则比赛轮数为 11 轮。

2. 比赛场次

预赛场次计算公式为：

$$\text{比赛场次}=\frac{\text{参赛队数}\times(\text{参赛队数}-1)}{2}$$

如有 6 支或 7 支队伍参赛时，比赛的场次分别为：$6\times(6-1)/2=15$ 场或 $7\times(7-1)/2=21$ 场。

（二）预赛编排方法

预赛单循环赛的编排方法，通常采用固定左上角逆时针循环编排法。即先将 1 号位固定不动，其他位置逐轮逆时针轮转一个位置。如有 7 个参赛队伍参赛，则预赛的编排如表 6-1 所示。

表 6-1　7 支参赛队参赛的逆时针循环编排法

第一轮	第二轮	第三轮	第四轮	第五轮	第六轮	第七轮
1—0	1—7	1—6	1—5	1—4	1—3	1—2
2—7	0—6	7—5	6—4	5—3	4—2	3—0
3—6	2—5	0—4	7—3	6—2	5—0	4—7
4—5	3—4	2—3	0—2	7—0	6—7	5—6

在编排过程中，1～7 号位置不仅代表不同参赛队伍，而且也表示各参赛队的水平（参照以往比赛成绩），通常 1 号位为竞技实力水平最高的队伍，以此类推。这样循环赛编排基本按照强队从与弱队开始比赛，对手的实力逐轮接近自己的顺序。在安排 1～7 号位置的队伍时，如果采用抽签决定，则一般不会出现这种情况。

（三）预赛分组

1. 分一组比赛

当同一级别比赛的参赛队少于 12 支队伍时，所有参赛队分为一组进行预赛。

2. 分两组比赛

当有 12～22 支队伍参加比赛时，预赛分为 2 组进行。每组前 2 名进入半决赛，小组第 1 名与另一组的第 2 名进行半决赛。

3. 分四组比赛

当有 23～44 支队伍参加比赛时，预赛分为 4 组进行。每组第 1 名进入半决赛，半决赛中 4 支队伍通过抽签决定对手。

4. 分八组比赛

当有 45 支以上队伍参加比赛时，预赛分为 8 组进行（或 16 组、32 组等，每组队数不能超过 11 支），并设立复赛。每组第 1 名进入复赛，复赛的前 4 名进入半决赛。4 支队伍通过抽签决定半决赛对手。

（四）预赛抽签

1. 分一组比赛

当同一级别比赛参赛队少于 12 支时，采用任意抽签决定对战双方。

2. 分两组或以上比赛

当预赛分两组或以上进行时，要设立种子队，种子队分别安排到各组的 1 号位，当种子队较多时，则按照蛇形排列安排到各组的 2 号位，以此类推。种子队的设置数量应为组数或组数的倍数，种子队的选择要以该队近期有效的成绩为基础。非种子队抽签时，先将同单位、同系统或同地域的参赛队安排到不同组，其余各队经任意抽签进入各组。

（五）预赛的比赛形式

1. 预赛的得分

（1）预赛如采用两局制，则在同场比赛中胜两局者得 3 分，负者得 0 分。两队各胜一局，则各得 1 分。弃权得 0 分。

（2）预赛如采用三局两胜制，则某队同场比赛中赢得前两局（即 2∶0）得 3 分，负者得 0 分。某队胜两局负一局得 2 分，负者得 1 分。弃权得 0 分。

2. 预赛排名

预赛中各小组的名次排列首先按照积分的多少进行排列，如积分相同则按照以下顺序进行判定。

（1）胜场次：如果两队积分相等，则按照获胜场次的多少进行排名。

（2）警告次数：如果仍不能判出胜负，则按照被判警告的次数多少进行排名，警告次数越少排名越前。（比赛获得警告数为一支队伍参加该级别比赛获得的警告总数，在一局比赛中，如果某队被警告 3 次则取消成绩。如果比赛中止，宣布比赛中止前给出的警告计入该队被警告数，如果比赛中止是由于双方原因所致，则双方队伍均记警告 3 次。）

（3）队伍总体重：如果上述 3 种方式仍不能判出胜负，则按照总体重排名，体重小的列前。

（4）掷币或抽签：如果上述 4 种方式仍不能判出胜负，则通过掷币或抽签决定排名。

二、半决赛和决赛

（一）半决赛的对手

1. 预赛分一组比赛

（1）预赛前 4 名的队伍进入半决赛。

（2）预赛第 3 名和第 4 名的队伍半决赛中的对手通过掷币决定。掷币猜中者在半决赛中将与积分第 2 名的队伍对决，没有猜中者将与积分第 1 名的队伍对决。

2. 预赛分两组比赛

2 组预赛前 2 名队伍参加半决赛。半决赛中，小组第 1 名将与另一组的第 2 名对决。

3. 预赛分四组或以上比赛

进入半决赛的 4 支队伍采用抽签决定对战双方。

（二）半决赛和决赛的比赛形式

半决赛和决赛采用三局两胜制。

第七章　规则与裁判法

第一节　竞赛场地与器材装备

一、拔河场地

（一）拔河赛道的尺寸

拔河赛道为长 33～37 米、宽 1～2 米的长方形。赛道中间有一条红色中心线，是比赛开始时拔河绳中点对准的位置。红色中心线两侧 4 米处分别有两条白色警示线，是判定比赛胜负的标志线，正式比赛时，一方将另一方拉过白色警示线便赢得比赛胜利（即将对手拉过 4 米的一方获胜），两条白色警示线两侧 10～12 米处分别有两条端线，该区域是运动员比赛开始时的站位区。两条端线到赛道边沿是 4.5 米的安全区。

（二）拔河赛道的类型

1. 硬地

硬地赛道主要有室外的水泥赛道和室内专业拔河赛道两种。室外的水泥赛道通常选择一块表面平整且粗糙的水泥地面，并按照拔河赛道尺寸绘制出，

图 7-1

该种场地简便易行，通常用于业余比赛。室内专业拔河赛道底层是标准尺寸的木板，表层是摩擦系数较高的橡胶或聚氨酯材料。国内外正规比赛普遍采用的是这种硬地赛道。（图 7-1）

2. 草地

除了硬地拔河外，还有一种是草地拔河，在欧洲地区较盛行。草地拔河比赛是在表面平整且松软的泥泞草地上进行，比赛过程中运动员的双脚常常会陷入草地中，比赛时间较长（最长可达半小时），因此对运动员的耐力和技术要求较高。为了能在地上扎住根、使上劲，运动员需要穿着一双具有铁质鞋跟、重达 10 公斤的拔河靴，比赛中可以在湿滑的草地上踩出小坑，从而便于防守或进攻发力。（图 7-2）

图 7-2

二、器材装备

（一）拔河绳

1. 拔河绳的材质

专业拔河比赛的拔河绳通常用麻绳，如马尼拉麻绳和孟加拉麻绳，另外还有棉质拔河绳、布料拔河绳以及尼龙拔河绳等。在一些民间拔河中还使用稻草拔河绳和钢缆绳等。（图 7-3）

图 7-3

2. 拔河绳的尺寸

绳子的周长必须为 100～125 毫米，表面不得有结节或者抓手。绳子的长度不小于 33.5 米，末端应是鞭状的。

3. 拔河绳的标记

拔河绳上的标记应是可调的，以便于裁判在比赛过程中当绳子发生伸缩时予以调整。拔河绳上有 5 个标记，分别在拔河绳中心、中心两侧 4 米和 2.5 米处，且三种位置的标记用不同颜色。

（二）拔河鞋

1. 草地比赛用鞋

鞋底、鞋跟以及鞋跟的侧面应该完全是平齐的。鞋尖和前脚掌不允许使用金属材料，可使用不超过 6.5 毫米的金属鞋跟，但鞋跟侧面与底部都要齐平。鞋跟的长度应该不超过鞋底全长的 1/3，不少于鞋底全长的 1/4。鞋底和鞋跟不允许有鞋钉等装置。鞋扣(带)上不得有任何可能导致伤害的突出硬物。(图 7-4)

图 7-4

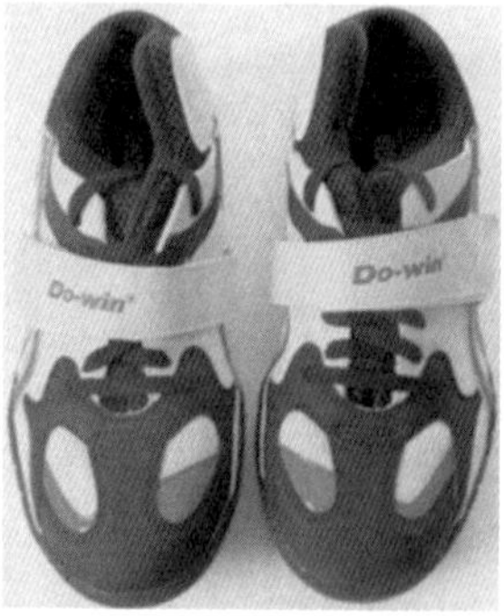

图 7-5

2. 室内拔河鞋

用于室内比赛的鞋必须是运动鞋厂生产的原装鞋，鞋底应是合适的，不得宽于或者长于鞋的上部。鞋底应使用橡胶类的可以增加摩擦力但不会损坏拔河赛道或地板的材料。鞋底的长度和宽度不得比该运动员的光脚尺寸大 20%。(图 7-5)

（三）保护服(保护垫)

保护服是为防止比赛中绳子与肩部、腰肋及上臂等部位之间的摩擦而导致的擦伤和挫伤，为运动员提供贴身的保护。经过裁判的许可，保护服可穿着在比赛服里面，前 7 名队员保护服厚度不得超过 2 厘米，锚人的保护服不得超过 5 厘米厚。保护腰带需穿在比赛服外面，且重量不得超过 1.5 公斤。任何保护装备上都不允许有沟、槽或其他防止绳子自由滑动的装置。此外，参加硬地比赛

时，锚人必须佩戴安全头盔。（图 7-6）

图 7-6

图 7-7

（四）摩擦剂（树脂或镁粉）

为在比赛中抓紧绳子，防止手滑动，允许在手上涂擦树脂或镁粉等摩擦剂，但仅限涂擦在手上。在室内比赛过程中，只有获得体育馆的许可后方能使用，并且只能在裁判的指导下使用。（图 7-7）

（五）腰带

腰带可保护运动员腰部，同时便于运动员收紧腰腹肌发力。（图 7-8）

图 7-8

图 7-9

（六）拔河架

可增减重量的模拟拔河抗阻的训练器材。（图 7-9）

第二节　竞赛通用规则

一、比赛类别

目前，国际拔河竞赛按照场地不同可分为室内和室外竞赛。按照参赛队员的性别分为男子、女子和男女混合 4×4 竞赛。按照参赛队员的年龄分为成年组（比赛当年年初年龄已满 18 周岁）、U23 组（比赛当年年初年龄已满 18 周岁，且比赛当年年底年龄不超过 22 周岁）和青少年组（比赛当年年初年龄已满 15 周岁，且比赛当年年底年龄不超过 18 周岁）竞赛。按照正式比赛场上 8 名队员的体重总和，分为≤500 公斤、≤540 公斤、≤560 公斤、≤600 公斤、≤640 公斤、≤680 公斤、≤720 公斤以及不限重量等 8 个重量级别比赛。

二、运动员资格审核

（一）成员组成

通常一支拔河队由 1 名领队、1 名教练员（可以进入赛场进行指挥，但不能进入赛道和接触队员）、1 名训练员（负责在比赛全程照顾好全队队员，在比赛过程中必须在指定位置，且不能与队员沟通交流）、8 名上场运动员（最少 7 人）以及数名替补队员组成（替补队员人数具体由赛事组委会规定）。

（二）比赛队员的称重和打印记

称量体重和打印记是指对参赛队所有 8 名队员的体重总量进行审核，以使其在规定的重量级别范围内，通常是在比赛开始前至少 1 小时内由称重员完成，其中男子穿不透明的短裤，女子穿不透明的衬衣和短裤称重。称重后，在队员大臂或大腿上盖合格印记，同时在称重表上登记参赛队伍总体重并签字。体重参数保留一位小数，第二位小数按照四舍五入进行计算，8 名运动员体重总和按照 0.5 公斤为单位进行计算，如 638.1～638.4 公斤则记为 638 公斤，638.5～638.9 公斤则记为 639 公斤。对于称重过程中超过竞赛限制的队伍还有一次称重机会（称重过程中运动员不必穿着比赛服和比赛鞋，但在称重时要带好以备检验)，图 7-10 和图 7-11 分别是称重器和打印记。

图 7-10

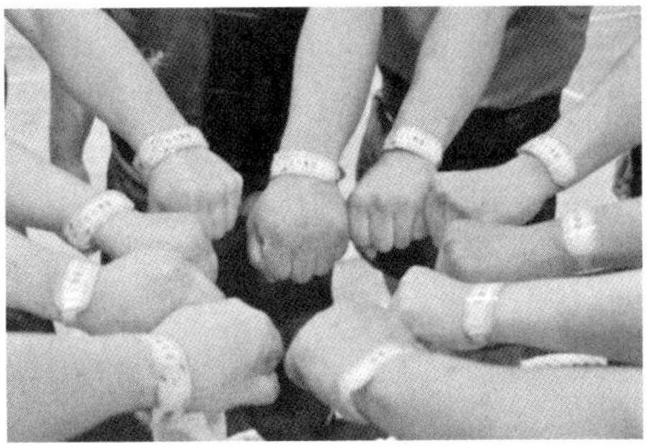

图 7-11

（三）运动员身份审核

对于拔河队所有成员(包括运动员、教练员和训练员及领队)的身份认证材料进行审核，国际比赛用所在国家或地区的护照进行，国内比赛用身份证进行。

三、赛事组织

（一）赛制规则

比赛包括预赛、半决赛和决赛。预赛采取积分赛制，只需要抽签一次，抽签时应有组委会指定的代表在场。通过预赛决出 4 支队伍参加半决赛和决赛。

（二）预赛

每个重量级别的参赛队伍不少于 4 队。如一个重量级别不足 12 队参赛，则所有参赛队在一组参加预赛。12 支(含)以上队伍参加一个级别的比赛，小组赛中分为 2 个组别。

（三）半决赛

1. 预赛分一组比赛

(1) 预赛前 4 名的队进入半决赛。

(2) 预赛第 3 名和第 4 名的队伍半决赛中的对手通过掷币决定。掷币猜中者在半决赛中将与积分第 2 名的队伍对决，未猜中者将与积分第 1 名的队伍对决。

2. 预赛分两组比赛

2 组预赛前 2 名队伍参加半决赛。半决赛中，小组第 1 名将与另一组的第 2 名对决。

（四）决赛

半决赛获胜两方进行决赛。

四、技术规则

（一）握绳

运动员不得握绳子两个外侧标记以内的位置。在比赛开始时，第一位运动员应握绳子靠近外侧标记的位置。不得在绳子上打结或者系圈，也不得将绳子系在运动员身体的任何部位上，将绳子交叉视为系圈（图 7-12）。比赛开始时，应将绳子拉紧，中心标记对准地面中线。

图 7-12

（二）拔河姿势

除了锚人，每个运动员都应徒手自然握绳，掌心向上，绳子从身体和上臂之间穿过，脚伸向膝盖的前方，全队应自始至终保持这一姿势。（具体见

第二章）

（三）锚人姿势

队尾的运动员称为锚人。锚人握绳的方法应是将绳子沿着身体从后背自下而上斜穿到对面肩上，将剩下的绳子向后向外甩出，以使绳子的多余部分可自由移动。锚人应自然握住绳子固定的部分，两手掌心向上，两臂自然前伸，规则允许锚人将绳子置于保护腰带下方。（图 7-13）

图 7-13

第三节　竞赛通用裁判法

一、裁判员职责

拔河比赛的裁判工作是拔河竞赛的重要组成部分，裁判水平直接影响比赛的公平公正、各参赛队竞技水平的发挥以及比赛的顺利进行。裁判委员会通常设置 1 名裁判长、2～4 名副裁判长，以及数名裁判员和称重员。通常情况下每一场地要设置 3～4 个裁判组，每个裁判组设置 1 个主裁、2 个副裁和 1 个记录员。同时比赛还设置数名称重员和检录员。

（一）裁判长职责

1. 全面负责主持赛事的裁判工作，在赛前负责制定裁判工作计划，对裁判员进行任务的分工安排，以及组织裁判员的学习和培训工作。

2. 比赛前对场地器材和设施等比赛用具进行准备和检查。

3. 代表裁判委员会参加赛事组委会和竞委会的相关会议。

4. 组织召开裁判员和教练员的联席会议，介绍赛事的各项裁判工作和注意事项。

5. 比赛结束后及时对比赛进行裁判工作总结并书面上报主办单位。

（二）副裁判长职责

协助裁判长完成赛事各项裁判工作，包括赛事编排工作、竞赛成绩的记录以及赛前的称重等相关环节的组织工作，同时协助处理赛事的后勤保障工作和各项行政事务工作。

（三）主裁职责

1. 比赛前

(1) 在队伍上拔河赛道前，对比赛场地和器材的安放情况进行检查。

(2) 掌控双方赛间的休息和比赛时间，尽量使比赛按照预定的时间表进行。

2. 比赛中

(1) 负责掌控比赛的开始、中止和结束。

(2) 向参赛队提出警告。比赛中裁判负责通过做出规定的手势、说出队伍的名称以及“首次警告”或“最后警告”来做出警告判罚，裁判做出判罚时必须清楚而简洁地使用恰当的手势。任何时候裁判的判罚是终局的。

(3) 警告后取消队伍的参赛资格。

(4) 宣布“比赛中止”。

(5) 不必警告即可取消因言行不当而可能影响拔河运动声誉的队伍的参赛资格。

3. 比赛后

组织双方运动员离场，同时核实本场比赛的成绩，确认无误后在记分表上签字确认。

（四）副裁职责

副裁应自始至终服从主裁的命令。在比赛过程中，副裁的位置应在参赛队伍的一侧且位于主裁的对面。副裁应观察队伍，通过手势向主裁报告队伍犯规情况，并指明犯规者。

1. 比赛前

(1) 协助主裁检查场地器材的安放情况。

(2) 检查双方上场队员的服装、鞋子和握绳的姿势是否符合比赛规则要求。

(3) 核实运动员的身份、称重合格印记等，并与记录员核对确认。

2. 比赛中

配合主裁监视比赛双方队员是否有犯规行为，如发现有犯规行为即时向主裁进行手势示意，并通知主裁做出相应的处罚。

3. 比赛后

协助主裁组织运动员离场，并核实比赛成绩。

(五) 记录员职责

1. 比赛前

负责对本场比赛双方队员的姓名和号码进行登记，同时对双方运动员的总体重进行核实，检查是否出现超重情况。

2. 比赛中

如果出现某参赛方有换人要求，则负责对替换队员的号码和合格印记进行重新登记，并再次核实总体重是否超重。

3. 比赛后

与主裁核实比赛结果，并在记录表上登记确认比赛成绩，主裁签字确认后递交至成绩公告处。

(六) 称重员职责

赛前负责对参赛各队进行运动员体重测量，检查各参赛队 8 名运动员的总体重是否超重，并填写各参赛队员的体重情况记录表，签字确认后递交副裁。

(七) 检录员职责

主要负责比赛前对参赛双方运动员的参赛资格、服装、鞋子以及比赛装备进行检查，并在主持比赛双方完成挑边后将运动员带至各参赛场地入口。

二、技术犯规

(一) 运动员技术动作犯规

1. 坐地犯规:故意坐地或者滑倒后没有积极迅速起立恢复正常姿势。(图 7-14)

图 7-14

2. 触地犯规:除了脚以外身体其他部位接触地面的动作。(图 7-15)

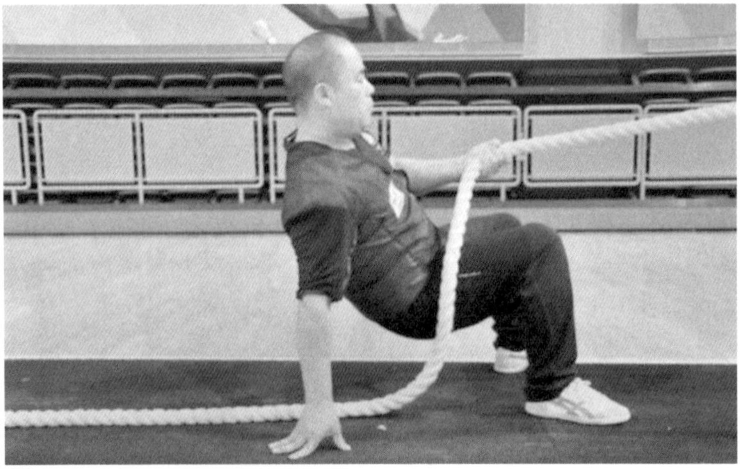

图 7-15

3. 锁绳犯规:采用任何方式固定绳子来阻止绳子自由移动的握绳动作。(图 7-16)

图 7-16

4. 握绳犯规:任何不符合技术规则的握绳动作。(图 7-17)

图 7-17

5. 持绳犯规:绳子没有从身体和上臂之间通过的握绳姿势。(图 7-18)

图 7-18

6. 姿势犯规:坐在一只脚上或者一条腿上或者两脚没有能够伸向膝盖的前方。(图 7-19)

图 7-19

7. 爬绳犯规：两手沿着绳子交替向前移动。（图 7-20）

图 7-20

8. 划船犯规：重复坐地起身，同时两脚像划船一样向后移。（图 7-21）

图 7-21

9. 锚人犯规:不符合锚人姿势规定的动作。(图 7-22)

图 7-22

10. 立足点犯规:室外比赛中,在拉紧口令发出以前以任何方式在地上做出立足点的印记,如挖坑等。

11. 出界犯规:在室内比赛过程中踩到拔河赛道以外。(图 7-23)

图 7-23

（二）其他犯规规定

1. 训练员犯规：在本队比赛过程中说话。

2. 消极犯规：运动队在比赛过程中未能积极做出应有的努力，长时间处于僵持状态从而影响拔河运动的声誉。如果消极比赛持续了10分钟以上，裁判长将示意主裁宣布“比赛中止”。

3. 取消资格：在一局比赛中，队伍在被警告两次后再次犯规将被取消资格。在所有犯规规定中，即使只有1名运动员犯规，也视为该队犯规。

4. 有意违反规则：不能遵守比赛规则可能导致本队被驱逐出赛场。

（三）判罚

任一名队员犯规都视为全队犯规，在一局比赛中，裁判员根据犯规情节对参赛队予以以下处罚：

1. 注意

在比赛中队员的犯规动作比较轻微或非故意时，裁判给予“注意”提醒，每局比赛最多两次“注意”。

2. 警告

（1）全队被判处两次“注意”后，再次出现犯规行为，则被判“警告”。

（2）在比赛中队员出现故意或严重犯规行为时，裁判可直接给予“警告”。

（3）每局比赛最多两次“警告”。

3. 取消比赛资格

（1）全队出现两次“警告”处罚后，再次出现犯规行为时，则直接被判处“取消比赛资格”，对方胜。

（2）无论是否在比赛进行中，某队任一名队员如做出有损拔河运动声誉和有违体育道德的行为时，裁判都可判处取消比赛资格，甚至取消后续全部比赛资格或已取得的成绩和名次。

（四）比赛中止和重赛

比赛过程中比赛中止包括以下几种情况：

1. 两队均被判两次犯规以后，再次同时犯规；

2. 两队消极比赛；

3. 两队在本局比赛结束前松绳；

4. 比赛因非犯规原因中断；

5. 如果一局比赛僵持时间超过 10 分钟。在前四种情况下比赛中止，则本局比赛将在没有休息、帮助和服务的情况下立即重新开始。如遇本条情况，比赛将在适当休息后重新开始。

（五）运动员的替换

一场比赛中每队有一次运动员替换机会，替换队员可替换队伍任一位置，被替换的队员不能再参加后续比赛，运动员替换只能在队伍称重且完成首局比赛后进行。替换队员的体重要小于或等于被替换队员体重，运动员替换后主裁将被替换队员的相同印记换到替换队员身上，且清除被替换队员身上的印记。

（六）申诉

比赛过程中如果参赛队对参赛资格或判罚等有异议，可向资格审查部门或主裁进行申诉。如仍存在异议，可向比赛的仲裁委员会提出申诉。提出申诉的要求如下：

1. 任何情况下，只有领队有权提出申诉。

2. 申诉必须以书面形式提出，并由领队签字。

3. 对参赛资格的申诉，必须在比赛开始至少 2 小时以前提出，超过时限不予受理。

4. 对比赛过程中判罚的申诉，必须在判罚发生后 30 分钟内提出，超过时限不予受理。

5. 提出申诉时须缴纳一定的申诉费。如果胜诉，申诉费退回；如果败诉，申诉费上交主办单位。

三、比赛的取胜（竞赛）方法

（一）胜局判定

队伍在一局比赛中可通过将绳子移动到标记的距离或者对方队伍被裁判取消资格获胜。在室外比赛中，当绳子一侧的标记拉至地面的中线即判获胜；在室内比赛中，当绳子中间的标记拉至地面的边线即判获胜。

（二）预赛排名判定

比赛采用积分赛制，在预赛中每场比赛由 2 局组成。如两队胜负为 2：0，则获胜队得 3 分，负队得 0 分；如两队胜负为 1∶1，则每队得 1 分。预赛具体排名判定规则见第六章。

（三）半决赛和决赛

在半决赛和决赛采用三局两胜制。

四、局间交换场地

（一）局间休息

每局比赛之间可有合理的休息时间，一般不超过 2 分钟。两场比赛之间，自前一场比赛的队伍离开场地至后一场比赛的队伍检录准备参赛的最长时间为 6 分钟。

（二）挑边与交换场地

比赛开始前的场地选择采用掷币决定。首局比赛结束后，两个队伍交换场地。如果需要进行第三局的比赛，则再次掷币决定场地分配。

五、主要流程

（一）称重

通常在比赛当天早上进行。由称重员召集参赛队的 9 名队员（1 名替补），对 9 名运动员的体重进行逐个测量，并按照序号登记 9 名运动员的姓名、号码以及体重等信息。如未出现超重情况，则在每名运动员大腿或小臂上盖上合格印记，同时登记称重结果并签字确认；若出现超重现象，则组织运动队进行第二次称重（每场比赛有两次称重机会），或者减少 1 人上场比赛（7 人参加比赛，同时在体重登记表上进行备注并告知副裁）。称重同时检查双方运动员的服装、鞋子和装备是否符合比赛要求。

（二）赛前的准备

1. 检查场地器材

赛前各组裁判员对拔河赛道和拔河绳进行检查，观察拔河赛道是否出现损坏情况，拔河绳上的标记是否套紧，以及场地上的各条标记线是否清晰等。

2. 运动员检录

检录员召集参赛双方的队员和教练，并检查运动员的资料信息是否正确，比赛装备是否符合规定。同时组织双方教练员或队长挑边,并将参赛双方的比赛记录表交给副裁,并由其对上场运动员进行进一步核实确认。

(三) 开始比赛

主裁按照挑边结果组织双方运动员走上赛道,并在全部运动员就位后依次发出以下指令:

1. 起绳

主裁发出起绳指令后,双方队员拿起绳子,并按照比赛规定各就各位(头绳尽量站在靠近第二标记外侧的位置),握紧绳子,双脚前后自然站立。

2. 拉紧

双方都握好拔河绳后,主裁发出拉紧指令,双方运动员按规定将绳子拉紧(但不能发力),拉紧后主裁指挥双方队员进行绳子的调整居中,使绳子中间的标记对准拔河赛道的中线。

3. 预备

拔河绳拉紧并调整居中后,主裁发出预备指令。双方运动员保持拉紧姿势,使比赛绳绷紧。

4. 开始

双方队员做好准备后,主裁在双方短暂的静止状态后,发出开始指令,拔河比赛正式开始。

(四) 比赛结束、中止或重赛

裁判员按照拔河比赛的竞赛规则,用手势和哨音决定比赛的结束、中止或重赛,在比赛过程中及时对双方的犯规行为进行判罚。

六、裁判员的口令与手势

(一) 比赛开始和结束程序

在双方教练员示意本队已做好准备后,裁判员按照双方队员准备情况,依次做出以下手势与口令。

1. 确认是否准备完毕(Team are you ready):用手臂分别示意并确认双方队伍是否准备完毕。(图 7-24)

图 7-24

2. 起绳(Pick up the rope):裁判员手势动作为两臂体前平举,指向正前方。此时双方运动员要求按照比赛的技术规定握住绳子,两脚自然平放。(图 7-25)

图 7-25

3. 拉紧(Take the strain):裁判员手势动作为两臂体侧上举,掌心相对,与地面呈 45°。此时双方运动员要求用适当力量使绳子绷紧。(图 7-26)

图 7-26

4. 调整居中(Rope to center):裁判员手势动作为摆动前臂或手腕,示意双方队员将绳子中点移向中线位置,如果调整距离较大则摆动前臂,微调则摆动手腕。此时双方运动员在裁判的指示下缓慢移动调整位置。(图 7-27、图 7-28)

图 7-27

图 7-28

5. 预备(Steady)：裁判员手势动作为两臂伸直上举，与地面呈 45°，掌心相对。此时双方运动员要求集中精力做好预备姿势。(图 7-29)

图 7-29

6. 开始(Pull)：裁判员手势动作为在预备手势的基础上，迅速放下两臂至体侧，同时发出开始口令。双方运动员要求在开始口令发出后开始比赛。

（图 7-30）

图 7-30

7. 指明胜队(Indicate winner)：裁判员手势动作为伸直手臂并指向获胜方，同时吹哨示意。（图 7-31）

图 7-31

8. 比赛中止(No pull):裁判员手势动作为两手胸前交叉,同时吹哨示意。(图 7-32)

图 7-32

9. 交换场地(Change ends):裁判员手势动作为双手在头上交叉,同时吹哨示意。(图 7-33)

图 7-33

（二）比赛中的犯规

1. 警告(Caution)：裁判员手势动作为举起犯规队伍一侧手臂，同时伸出一或二根手指指明第一次或第二次警告。（图 7-34）

图 7-34

2. 坐地犯规(Sitting)：裁判员手势动作为举起犯规队伍一侧手臂并伸出手指指明警告次数，同时另一只手掌心向上，进行水平左右摆动。（图 7-35）

图 7-35

3. 触地犯规(Leaning):裁判员手势动作为举起犯规队伍一侧手臂并伸出手指指明警告次数,同时另一只手掌心向下,进行上下摆动。(图 7-36)

图 7-36

4. 锁绳犯规(Locking):裁判员手势动作为举起犯规队伍一侧手臂并伸出手指指明警告次数,同时用另一只手臂的肘部触碰上抬的大腿。(图 7-37)

图 7-37

5. 握绳犯规(Grip):裁判员手势动作为举起犯规队伍一侧手臂并伸出手指指明警告次数,随后做两手握绳动作。(图 7-38)

图 7-38

6. 持绳犯规(Propping):裁判员手势动作为举起犯规队伍一侧手臂并伸出手指指明警告次数,随后两手呈握绳状在体侧做向上提拉动作。(图 7-39)

图 7-39

7. 姿势犯规(Position):裁判员手势动作为举起犯规队伍一侧手臂并伸出手指指明警告次数,随后抬起小腿做蹬伸动作。(图 7-40)

图 7-40

8. 爬绳犯规(Climbing the rope):裁判员手势动作为举起犯规队伍一侧手臂并伸出手指指明警告次数,随后两手做交替爬绳的动作。(图 7-41)

图 7-41

9. 划船犯规(Rowing):裁判员手势动作为举起犯规队伍一侧手臂并伸出手指指明警告次数,随后用手臂和上半身做划船动作。(图 7-42)

图 7-42

10. 锚人犯规(Anchor position):裁判员手势动作为举起犯规队伍一侧手臂并伸出手指指明警告次数,同时用另一只手触碰后背。(图 7-43)

图 7-43

11. 训练员犯规(Trainer):裁判员手势动作为举起犯规队伍一侧手臂并伸出手指指明警告次数,同时用另一只手的手指碰触嘴唇。(图 7-44)

图 7-44

12. 立足点犯规(Footholds):裁判员手势动作为举起犯规队伍一侧手臂并伸出手指指明警告次数,同时用脚跟踢地面。(图 7-45)

图 7-45

13. 出界犯规(Side-stepping):裁判员手势动作为举起犯规队伍一侧手臂并伸出手指指明警告次数,同时将一只脚踩向一侧。(图 7-46)

图 7-46

第八章　部分国家民间民俗拔河运动介绍

第一节　中国民间民俗拔河

一、藏式拔河

藏式拔河又称“大象拔河”“押加”“郎毒杀向”，藏语称“浪波聂孜”，意为大象颈部技能。藏式拔河是藏族群众中广为流传的一项民族传统体育项目，同赛马、赛牦牛、射箭、藏棋、摔跤和抱石头等民族传统体育项目一样，深得藏族人民的喜爱。无论是在节日里还是在生产劳作的闲暇时间，无论是在牧场上或是田间，人们都以此作为休闲娱乐的方式。由于其比赛的规则和器材简便易行，不受年龄和性别限制，这项活动在藏族地区有着广泛的群众基础，是一项易于开展的民族体育项目①。在前五届全国少数民族传统体育运动会上，藏式拔河被赛会列为表演项目，1999 年第六届全国少数民族传统体育运动会上将藏式拔河列为正赛项目。目前，藏式拔河作为一门体育课程已被纳入当地学校体育教学

图 8-1　颈力拔河

图 8-2　大象拔河

① 曹林波，汪旻.拔河起源于古时的浙江[N].浙江日报，2015-12-04(16).

中,历史悠久的藏式拔河正朝科学化和系统化的方向发展,将更具活力和生命力,在具有丰厚文化底蕴的藏区土壤上茁壮成长①。

藏式拔河比赛在长 9 米、宽 2 米的平整硬质长方形地面上进行,比赛不受年龄限制,通常按照体重大小分为 55 公斤、60 公斤、70 公斤、80 公斤及 80 公斤以上 5 个重量等级进行比赛。每场比赛采用三局两胜制,每局不受时间限制,如在一分半钟未决出胜负,则中间休息 1 分钟继续比赛。将一条绸带两头分别挽成圆环套在两名运动员颈部(受力部位是后颈部),绸带经过两名运动员的胸部和腹部,最终从两腿间穿出。运动员四肢着地背对匍匐于赛道,间距 1 米左右,绳子中间有红色中界坠条。比赛中,双方运用腿、腰、肩、脚和双手的力量,向相反方向奋力爬行拉动绸带,一方将另一方拉过中界线者获胜。藏式拔河除了用颈力拔河外,还有腰力和手力拔河。

二、临潭"万人扯绳"

临潭,古称"洮州",位于甘肃省甘南藏族自治州的东部,地处青藏高原与黄土高原的交汇处,全县总人口达 15 万人,其中少数民族人口占 26%,是藏族、回族、汉族等多民族的集居县。临潭县具有悠久的历史文化底蕴,每年正月十五举行的万人扯绳(拔河)比赛是当地传统的民间文化②。据《明太祖实录》记载:"洪武十二年(1379 年)春正月,洮州(今临潭)十八族番叛,命沐英移兵计之,英军至洮州旧城。英部将士之中多为江淮人。"《封氏闻见记》记载:"拔河,古谓之牵钩。襄汉风俗,常以正月望日为之。相传楚将伐吴,以为教战。"万人扯绳即源于文中记载的"教战"活动。当年,沐英将军驻旧城期间,就利用"牵钩之戏"(即扯绳)来对军队将士进行训练。后来明朝时期扯绳逐步由军队传入民间,成为娱乐活动,古代的牵钩也就此在临潭生根发芽,当地人们每年元宵节都举行扯绳比赛,以表达祈求国家昌盛、百姓安居、民族团结的美好愿望③④。2008 年,

① 魏强.漫谈藏族传统体育:大象拔河[J].西藏艺术研究,2010(4):49-53.

② 范倩.民族地区基层政府公共决策中的公民参与问题研究:以临潭县 L 镇引洮入潭土地征用项目为例[D].西北师范大学,2016.

③ 苏晓红."万人拔河"传统民俗和民族地区的文化认同与社会和谐[J].甘肃高师学报,2013,18(1):135-138.

④ 李新治.万人扯绳[N].中国教育报,2001-11-27(7).

临潭县以其丰富的拔河文化内涵获得“全国拔河之乡”的称号。2009 年中华人民共和国体育总局正式批准“万人扯绳”成为国际级体育赛事节日，临潭的万人拔河赛也是中国规模最大的拔河比赛①②。

图 8-3 临潭万人拔河

万人扯绳的参赛双方是以临潭县西街为界，界限以北为上片，以南为下片，城区方圆五公里以内的人，不分男女老少和民族差异均可参加，参加总人数可达近十万人。拔河的主绳是由两根直径约 16.5 厘米的钢缆绳组成，每根绳的绳头（俗称“龙头”）上装有一个大环，中间用一根长约 60 厘米，两头细中间粗的木杠子巧妙地捆绑在一起。专门连接绳头的人称为“连手”（也称“杠子手”），通常由群众推举出来的少壮担任，双方各自选举 4 名连手来负责与对方连接绳头③。赛前双方各自将绳捆扎成头连、二连、三连、连尾（俗称“双飞燕”）。双方绳头相接处为“头连”，后面一个连接处为“二连”，从“二连”开始分岔，第三个接头处称为“三连”，“三连”再分岔，到“连尾”形成四股绳，扯绳的总长约 1 808 米，重约 8

① 陈立华.浅析少数民族拔河项目的文化多元性和娱乐性[J].西北民族大学学报：哲学社会科学版，2013(3)：140-144.

② 雷慧.甘肃临潭万人拔河活动的特征及价值探析[J].西北民族大学学报：哲学社会科学版，2013(3)：145-148+156.

③ 刘玉忠.临潭万人扯绳及文化探微[J].甘肃高师学报，2011，16(4)：111-113.

吨，这样可以增加参加人数。比赛的胜负判定由“连手”来负责，一局比赛中，当“头连”最后被扯过划定的界线后，“连手”就要用大锤将“头连”的杠子打掉，表示一局结束，再重新连接，开始下一局比赛。在比赛过程中，“连手”起着至关重要的作用，除了负责连接绳头和判定胜负外，还要负责掌控局面和保障安全。由于参赛人数多，在比赛开始时的连接绳头和结束时的打杠子过程中，容易因为争抢而导致杠子脱落或拥挤伤人，因此“连手”在比赛中的责任重大、难度高，需要有一定的技术和威望。通常“连手”也有子承父业的家传习俗，“连手”的地位很受尊崇，在出现众人拥挤或出现秩序问题时，“连手”一声呼喊，众人都自觉按照其指示行事，从而有效保障比赛安全、有序地进行。

万人扯绳比赛通常在每年的正月十五元宵节举行，从正月十四到正月十六连续进行三个晚上，每晚三局比赛。比赛当天一帮年轻人将准备好的拔河绳从库房搬出来，称作“出绳头”，通常要举行隆重的出绳头的祭祀仪式，以表示祈求平安、顺利拔河的愿望。比赛开始前，“连手”首先将绳头连接好，之后一声炮响，数万参赛者一拥而上，分挽绳的两端展开角逐。正月十六比赛结束后，在正月十七要将拔河绳收拢放回库房，称作“回绳”，保存好后等来年再用。万人扯绳活动彰显了临潭各族人民团结一心、祈平安、庆丰年的民族和谐景象，是一项极富地方传统和民族特色的物质和精神财富①。

三、古典水上拔河

水上拔河顾名思义，是在水上进行的拔河比赛。古时候，沿河而居的村寨之间，通常通过一场水上拔河比赛来决定河水的使用和管理权，比赛胜方决定生产和生活中对河水的分配。水上拔河比赛的习俗，在中国广西少数民族地区较为浓厚，每年广西融水苗族自治县的乡村都举行一年一度的水上拔河比赛，以喜庆丰收。

水上拔河比赛的赛场由两座浮筒和木板搭建而成的浮桥以及悬浮于中间的裁判台构成，浮桥长 20 米，宽 1.5 米。水上拔河比赛集力量与技巧、竞技与趣味于一体，要求队员之间协调配合。发展至今，已成为当地盛行的一项群众体

① 陆克珠，胡卓生.甘肃临潭“万人拔河”文化探源[J].赤峰学院学报：自然科学版，2016，32(8)：188-190.

育竞技娱乐活动。

图 8-4　水上拔河

四、龙舟拔河比赛

龙舟拔河比赛是在划定的区域内，两只参赛龙舟采用陆地拔河的方式进行比赛，两只龙舟中间由绳索连接，比赛双方各自朝相反方向划桨，将绳索的中心线拉过本方的获胜标记线即获得胜利。比赛双方分别由数名划手、1 名舵手和 1 名鼓手组成，舵手在龙舟尾部用绳子拉住龙舟，掌控龙舟的方向，以防止龙舟

图 8-5　龙舟拔河

划偏而造成力量损失。龙舟拔河比赛有速度、有激情，还有随时可能发生的各种意外，如由于比赛划桨时激起大量水花，并溅到龙舟里，常常造成比赛过程中龙舟下沉或翻船。龙舟拔河集竞技性、观赏性和趣味性于一身，目前也逐步成为龙舟赛的新项目，在端午节全国多地都举行龙舟拔河比赛。

第二节　韩国机池拔河

韩国每年的正月十五在首都首尔以南的机池市举行万人拔河比赛，这是一项历史悠久的民间传统活动，距今有 450 多年的历史。据韩国史籍《东国岁时记》记载："湖西俗有炬战，又以绹索分队，把持相牵引，不被引者为胜，以占丰。"又"岭南俗有葛战，以葛为索，大可四五十长，分队相引以决胜，谓之占丰。"文中所讲的"炬战"和"葛战"即为拔河。拔河活动表达了人们祈祷来年能够风调雨顺、庄稼丰收、人民幸福安居的愿望。

机池拔河的绳索是用稻草编织交缠而成，长约 200 米，直径约 1 米，重达 40 吨。据说，制作这根大绳索需要 3 万捆稻草，20 个人用一个月的时间才能做好。拔河绳分成两条，称为"上水"和"下水"，各长 100 米。绳头呈椭圆形，直径 1.8 米。两条绳头用一根巨大木桩相连，主绳上面布满一条条较细的支绳。村民分成两队（每队约 2 500 人）进行比赛，比赛前分别有三声号令，分别为抓绳、抬绳和比赛开始。由于参加的人成千上万，所以一旦比赛开始，人们拔河所发出的口号，声如巨雷，震耳欲聋。而围观的男女老少也为自己队呐喊助威，场面非常壮观。比赛中，如果"上水"获胜，则五谷丰登，如果"下水"获胜，则无病无灾①。比赛结束后，绳子被分割成小段，分发给所有参赛人员和现场的观众。据说，分到绳子的人来年能够吉祥如意，人们为祈福便把得到的绳子悬挂在各自的屋檐下。

相传韩国机池拔河起源于中国，它与中国临潭的万人扯绳，既有相似之处，也有一定差异。差异主要有：在拔河绳材料上，韩国采用稻草绳，而临潭拔河绳是钢缆绳；在参赛对象上，中国的拔河比赛对象没有限制，男女老少都可以，也

① 杨万娟，单文建.拔河源自楚地考据[J].江汉考古，2006(2)：62-67.

没有人数限制，而韩国的拔河比赛的参赛者必须是两个或两片村落的壮丁，妇女不允许参加拔河比赛，同时对参赛人数有严格限制[①②]。

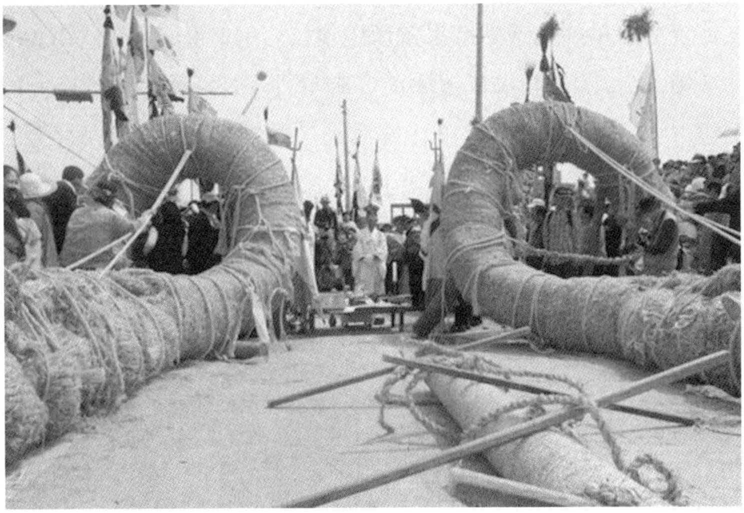

图 8-6　韩国机池拔河

第三节　日本那霸大纲挽

那霸大纲挽，也称那霸大拔河，是日本冲绳县那霸节中的民族传统活动之一。这一活动起源于琉球王朝时期的传统，随着那霸四町及周边建成而兴起，相传至今已有 370 多年的历史。古书中记载“拔河仪式祈祷国家稳定、海上安全”，人们用拔河活动来祈祷国富民安，风调雨顺[③]。那霸大拔河和韩国机池拔河活动非常相似，两者都引入了中国古老的阴阳文化，并同本地文化相融合。那霸大拔河中的绳索用日本传统的稻草编制而成(后改为钢缆)，长 172 米，最大直径 1.5 米，重 26.7 吨，且分为公绳和母绳两条主绳，绳头各打一个大结，中间用数百公斤重的铁椽子穿起来，主绳上面再连接无数的小绳索捆扎而成，比

① 蔡艺，李傲翼，苏建臣，安镕吉.韩国拔河的文化人类学研究[J].体育学刊，2017，24(1):20-25.

② 陶坤，白南燮，安镕吉.韩国拔河民俗庆典仪式的社会学检视[J].体育与科学，2016，37(5):69-77.

③ 狄登峰.亚洲风情:一[M].学苑音像出版社，2004.

赛开始后双方参赛者一拥而上，拉紧主绳分出的“小辫子”，在双方助威号角声中拉扯竞赛。阴阳相交是万物生长之规律，公绳和母绳结合在一起，象征人类繁荣，并祈求丰收。

该项传统活动早期比赛的结果常产生争议，1812 年那霸正式出台了那霸大拔河活动规则。自此，那霸大拔河活动多次举行。1935 年以后中断，1971 年那霸市庆祝建市 50 周年恢复了此项传统活动。据“那霸大纲挽保存会”介绍，虽然现在的绳长并不是世界之最，但作为包括参加比赛及相关参加者在内的传统活动，那霸大纲挽在 1997 年被吉尼斯世界纪录认定为世界最大规模的拔河比赛。2013 年 10 月 13 日，那霸大纲挽活动更是创造了包括参观者在内共约 27.7 万人参加，拔河所用绳长 200 米，直径 1.56 米，重达 43 吨的纪录①。

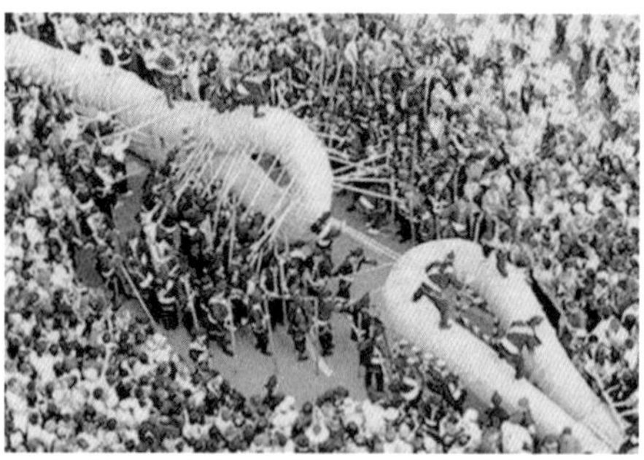

图 8-7　日本那霸大纲挽

① 李迎雪.日本 27.7 万人参加那霸传统拔河大赛：绳长 200 米[EB/OL].(2013-10-14)http://www.chinanews.com/gj/2013/10-14/5378167.shtml.

附件1　拔河赛事举办参考文件

2017年全国拔河锦标赛《竞赛规程》

一、主办单位

国家体育总局社会体育指导中心

中国拔河协会

二、承办单位

浙江省体育局

浙江省杭州市富阳区人民政府

三、协办单位

浙江省杭州市富阳区旅游体育局

浙江省杭州市富阳区新桐乡人民政府

四、比赛日期和地点

时间:2017年8月20—23日

地点:1. 浙江省杭州市富阳区场口中学体艺馆

2. 浙江省杭州市富阳区新桐乡桐洲岛

五、竞赛项目

(一) 硬地比赛(邓禄普拔河道)

1. 公开组(专业)

女子组:500公斤级、540公斤级

男子组:560公斤级、600公斤级、640公斤级、680公斤级

混合组:600公斤级

2. 大众组(普通):未参加过近三届(2014—2016)全国拔河锦标赛专业组比赛的运动员可报名参加。

男子组:600 公斤级

混合组:600 公斤级

(二) 室外比赛(草地)

男子组:600 公斤级、640 公斤级

女子组:500 公斤级

六、参加单位

各省、自治区、直辖市、计划单列市、新疆生产建设兵团,各行业体协及各有关单位。

七、参赛办法

(一) 各单位参赛队数不限

1. 男子组每队可报 12 人,其中领队 1 人、教练兼指挥 1 人、训练员 1 人、男运动员 9 人(含替补 1 人);

2. 女子组每队可报 12 人,其中领队 1 人、教练兼指挥 1 人、训练员 1 人、女运动员 9 人(含替补 1 人);

3. 混合组每队可报 13 人,其中领队 1 人、教练兼指挥 1 人、训练员 1 人、男运动员 5 人(含替补 1 人);女运动员 5 人(含替补 1 人)。

(二) 参赛运动员最多可兼同组别两项(混合除外),并在报名表上注明。

(三) 参赛运动员年龄不限,身体健康,选手报道时须出示地市级(含)以上医院体检健康证明。

(四) 所有参赛人员必须办理人身意外伤害保险,无保险一律不得参赛。

(五) 各单项报名不足三队则取消该级别的比赛。

八、费用

(一) 参赛服务费:500 元/项/队,于报道时交付承办单位。

(二) 各参赛队差旅、食宿费自理。

(三) 提前报道,逾期离会和超编人员费用自理,食宿标准可询承办单位。

九、竞赛办法

(一) 执行中国拔河协会审定的《拔河竞赛规则和裁判法》。

(二) 各参赛运动队须着统一服装参加开、闭幕式和比赛。

(三) 各运动队比赛中只可使用大会提供的公用保护服,或可不着保护服。

保护腰带自备，无刻意改装且重量不超过1.5公斤。

十、兴奋剂检查

（一）比赛期间将抽取男、女各3支队伍的1名运动员进行兴奋剂检测，各单位有责任和义务积极配合检测工作，在接到检测通知书后，按照要求携带身份证明进行检测。

（二）国家体育总局反兴奋剂中心会将检测结果通知到中国拔河协会，对检测结果呈阳性的运动员，将严格按照国家体育总局颁布的《反兴奋剂管理条例》进行处罚。

十一、录取和奖励

（一）各级别录取前6名给予奖励，不足6队减1录取。

（二）向获得前3名的运动队颁发奖杯、奖牌和证书，第4至第6名颁发奖杯和证书，其他运动员将获得参赛证书。

（三）设体育道德风尚奖，具体评选办法另行通知。

十二、报名、报到和离会

（一）报名参赛单位请将报名表(可从中国拔河协会官方网站下载)于2017年8月1日前传真或电子邮件报送中国拔河协会，同时报送500字以内的参赛单位简介、参赛队全体人员5寸电子合影照片。

联系人：陈晓芸

传真：010-67133577

电话：010-87182169

电子邮件：chinesetugofwar@163.com

网站地址：www.tugofwar.org.cn

（二）报到

各参赛队于8月20日17:00前报到，当晚22时前完成称重。运动员报到时须交验身份证、自愿参赛责任书、县级以上医院开具的当年身体健康证明和人身意外伤害保险证明，并一次性缴纳参赛服务费和食宿费。

（三）离会：各队于2017年8月23日12:00前离会。

十三、裁判员

裁判员由主办单位选派，辅助裁判由承办单位选派。

十四、其他

比赛的转播权和赛事相关图片和文字资料版权属主办单位，主办单位有权无偿使用运动员的图片、录像等进行旨在促进拔河运动发展的各项宣传、推广活动。

十五、本规则解释权归中国拔河协会，未尽事宜，另行通知。

2017 年全国拔河锦标赛报名表

参赛单位：　　　　　　　　　　　　联系人：

手机：　　　　　　　　　　　　　　电子邮箱：

请在括号内画(√)：公开男子：560(　)、600(　)、680(　)；

公开女子：500(　)、540(　)；公开混合 600(　)；

大众男子：600(　)；大众女子 540(　)；大众混合(　)；

室外男子：600(　)、640(　)；室外女子：500(　)

请用正楷清楚填写下表：　2017 年　月　日

职务	姓名	身份证号	是否穆斯林	是否兼项
领队				
教练				
训练员				
运动员 1				
运动员 2				
运动员 3				
运动员 4				
运动员 5				
运动员 6				
运动员 7				
运动员 8				
替补 9				
替补 10 (混合组)				

以下由组委会填写：该队总体重实测为　　公斤，测量时间 2017 年　月　日

测量员(签字)：

说明：1.本报名表可复印，限使用 A4 纸；2.每表只能填报一个组别；3.请将 500 字以内参赛单位简介和参赛队 5 寸合影 1 张，同报名表一并报送中国拔河协会。

2017年全国拔河锦标赛竞赛日程安排表

日期	时　间	活动内容	地　点	负责部门
8月20日 (周日)	全天	参赛队报到	耀都德悦大酒店	接待部
	12:00以前	裁判员报到	耀都德悦大酒店	接待部
	12:00—18:30	参赛队称重、适应场地	场口中学体艺馆	竞赛部
	19:00—21:30	领队、教练、裁判联席会议	耀都德悦大酒店会议室	竞赛部
8月21日 (周一)	9:00—9:30	开幕式	场口中学体艺馆	开闭幕式工作部
	9:30—11:50	(1)公开男560 kg级小组赛和决赛； (2)公开女500 kg级、公开男640 kg级小组赛和决赛。	场口中学体艺馆	竞赛部
	15:00—16:20	(1)公开男600 kg级、680 kg级小组赛和决赛； (2)公开女540 kg级、大众混合600 kg级小组赛和决赛	场口中学体艺馆	竞赛部
	16:50—18:00	室外男子640 kg级小组赛和决赛	新桐乡桐洲岛	竞赛部
8月22日 (周二)	7:40—8:50	室外男子600 kg级小组赛和决赛	场口中学体育场	竞赛部
	8:30—13:00	(1)公开混600 kg级、大众男600 kg级小组赛和决赛； (2)国际邀请赛混合600 kg级小组赛和决赛	场口中学体艺馆	竞赛部
	13:00—13:30	各组别颁奖 闭幕式	场口中学体艺馆	开闭幕式工作部
8月23日 (周三)	12：00前	离会		

自愿参赛责任书

1. 我完全了解自己的身体状况，确认自己的健康状况良好；没有任何身体不适或疾病（包括先天性心脏病、风湿性心脏病、高血压、脑血管疾病、心肌炎、其他心脏病、冠状动脉病、严重心律不齐、血糖过高或过低的糖尿病，以及其他不适合运动的疾病），因此我郑重声明，可以正常参加 2017 年全国拔河锦标赛竞赛；

2. 我充分了解本次活动期间的训练或比赛有潜在的危险，以及可能由此而导致的受伤或事故，我会竭尽所能，以对自己的安全负责任的态度参赛；

3. 我本人愿意遵守本次比赛活动的所有规则规定；如果本人在参赛过程中发现或注意到任何风险和潜在风险，本人将立刻终止参赛或告之赛会官员；

4. 我本人以及我的继承人、代理人、个人代表或亲属将放弃追究所有导致伤残、损失或死亡的权利；

5. 我同意接受主办方在比赛期间提供的现场急救性质的医务治疗，但在医院救治等发生的相关费用由本人负担。

本人已认真阅读全面理解以上内容，且对上述所有内容予以确认并承担相应的法律责任，本人签署此责任书纯属自愿。

参赛者签名：

签署时间：　　年　月　日

拔河比赛成绩记录表

第一阶段（小组赛）

公开组男子 560 公斤级

队名	1 队	2 队	3 队	4 队	5 队	得分	犯规数	体重	名次
1 队									
2 队									
3 队									
4 队									
5 队									

第二阶段（半决赛和决赛）

公开组男子 560 公斤级

拔河队伍称重登记表

<table>
<tr><td>参赛队伍</td><td colspan="3"></td></tr>
<tr><td>组别</td><td></td><td>级别</td><td>kg</td></tr>
<tr><td>领队</td><td></td><td>教练</td><td></td></tr>
<tr><td colspan="3">参赛队员</td><td></td></tr>
<tr><td>号码</td><td colspan="2">姓名</td><td>体重(kg)</td></tr>
<tr><td>1 号</td><td colspan="2"></td><td></td></tr>
<tr><td>2 号</td><td colspan="2"></td><td></td></tr>
<tr><td>3 号</td><td colspan="2"></td><td></td></tr>
<tr><td>4 号</td><td colspan="2"></td><td></td></tr>
<tr><td>5 号</td><td colspan="2"></td><td></td></tr>
<tr><td>6 号</td><td colspan="2"></td><td></td></tr>
<tr><td>7 号</td><td colspan="2"></td><td></td></tr>
<tr><td>8 号</td><td colspan="2"></td><td></td></tr>
<tr><td>9 号</td><td colspan="2"></td><td></td></tr>
<tr><td colspan="2">上场队员体重总和</td><td colspan="2">kg</td></tr>
<tr><td>备注</td><td colspan="3"></td></tr>
</table>

附件 2　拔河运动关键问题解答

1. 拔河中的技术动作问题

(1) 拔河中技术动作与最大拉力之间的关系是什么?

答:拔河比赛中要产生最大拉力,力量传递是关键,核心是固定支撑点,比赛中保持正确的拔河姿势可以使发力点更贴近身体的核心部位,从而形成稳固的支撑点,使力量更为集中,并有效地将身体力量传递至绳上,防止力量分散,产生更大拉力,同时还可增加运动员的耐久力。

(2) 举重与拔河有哪些相似的训练方法?

答:举重需聚焦“拉”“挺”“展”“伸”“撑”“紧”“顶”等技术环节,相对来说拔河同样需要上述技术环节。

(3) 为什么拔河比赛中膝关节应略微外展?

答:人体的髋关节和臀部呈锥形结构,在拔河的预蹲发力时如果两膝关节处于平行位置,则会因与人体髋关节角度不一致而造成力量的减弱,同时可能造成髋、膝关节损伤。因此,在拔河过程中,两膝应微外展,从而与髋关节结构造型保持一致,更有效地进行力量传递。

(4) 为什么说人体的骶骨和尾骨是拔河比赛的“发动机”?

答:骶骨和尾骨是人体的中枢组成部分,在拔河比赛中,骶骨和尾骨可以有效控制人体重心和中心。防守时,通过骶骨和尾骨下压降低重心,抵御对手强势拉力;进攻时,通过骶骨和尾骨的下沉后引,达到维持人体重心的平衡,同时配合膝关节的蹬挺发力。因此,人体的骶骨和尾骨在拔河比赛中扮演着攻守“发动机”的重要角色。

(5) 拔河比赛中最基本的法则是什么?

答:拔河比赛中最基本的法则是“同时用力、同方向用力和同角度用力”。“同时用力”指运动员在同一时间按照同一节奏进行发力;“同方向用力”指运动员发力的方向要在一条直线上(平行于地面或前高后低);“同角度用力”指运动员发力动作要符合人体骨骼的结构特点。因此，在竞技拔河比赛中，8 名运动员要在指挥员的口令指挥下按照同样的节奏、方向、动作进行攻守发力，以产生最大拉力。

(6) 为什么说“重心后移，臀部下沉后引，同时带动双膝伸蹬”是拔河运动的核心技术？

答：“重心后移，臀部下沉后引，同时带动双膝伸蹬”是拔河整体环节的核心技术，因为在比赛中如膝关节前移再发力，会产生一个预发动作，从而减弱拉力，处于被动。

(7) 拔河比赛中，这个“奇怪”但又非常关键的动作如何做？

答：根据笔者长期从事拔河运动训练和竞赛的经验，拔河运动员在进入比赛起始瞬间，人体必须保持“上体躯干稳定、整体重心后移、髋臀部位后下倒、双腿屈膝并后蹬”。

(8) 拔河中腰椎常见的动作有哪几种？

答：分为三种：一是“塌腰”；二是“立腰”；三是“弓腰”。

2. 拔河中的体能训练问题

(1) 拔河体能训练中的大负荷“硬拉”训练是指什么？

答：在拔河训练过程中大负荷硬拉是一种有效的专项体能训练方法，一方面大负荷硬拉时负重常大于自身体重的 2～3 倍；另一方面硬拉动作与拔河比赛发力动作保持一致。

(2) 健美训练就是拔河训练吗？

答：健美训练的目的是为了肌肉塑形，训练中常进行大强度的单关节重复训练，从而使肌肉单位面积增大。拔河训练的目的是增进人体各关节之间的密切协作，从而完成整个力量的产生和传递。因此，健美训练不能完全代替拔河训练。

(3) 为什么拔河训练中要重视手指和脚趾的力量训练？

答：在拔河比赛中脚趾和手指是两个关键的支撑点，手要握紧绳子，脚要抵住地面，在实际的训练中这些人体远端的小关节和小肌肉群容易被忽视。如果运动员手指力量不足，则会出现握绳松动；如果脚趾力量不足，则会出现支撑不足或松垮。因此，在平时训练中需要重视手指和脚趾肌肉的训练，可通过拇指、食指和中指抓握铅球，赤足脚尖跑等手段进行手指、“虎口部位”及脚趾力量训练。

(4) 为什么拔河训练中要加强向心力量训练？

答：拔河运动是一项向心发力的体育运动项目，通过伸膝蹬地产生反作用力，再通过固定的髋关节、膝关节传递力量，最终通过手臂向心拉动绳子将力量传递到拔河绳。因此，在拔河运动员身体训练中需安排一定向心力量练习：如举重高立翻练习、抓链球旋转练习、爬绳练习、立定向后跳远、跳深等。

(5) 为什么现代拔河的体能训练理念是提高核心稳定性？

答：拔河属于向心运动项目，运动中力量的产生和传递都需要有一个稳固的支撑点，如脚部、膝关节、髋关节及躯干等部位，在拔河专项体能训练中需要时刻以加强核心力量为原则，提高核心稳定性。这一点，已通过实践得到证明。

3. 拔河中的战术问题

(1) 为什么在拔河比赛中指挥员应重点关注对手？

答：在拔河比赛过程中指挥员或教练员往往会将更多的目光放在观察对手身上，这是因为一方面在平时的训练过程中教练员对自己队伍的身体状况和训练水平都已了如指掌，可以随时按照自己的指令对自己的队伍进行相应的调整；另一方面指挥员的重要职责是通过紧密观察对方队员的竞技状态和比赛形势，以此指挥本方队员进行相应的战术安排。因此，教练员在场上应花费更多的时间来观察对手，并对本方队员实时做出战术指导。

(2) 优秀运动队采用的防守战术主要有哪几种？

答：遵循“扬长避短”原则，主要有：一是“动态”防守，即防中带进；二是“静态”防守，即混凝土式防守，此战术一般需要能抗御超自身体重 2.5 倍重量，静态支撑 2 分钟左右。

4. 拔河中的其他相关问题

(1) 为什么拔河运动能够有效预防青少年脊椎弯曲？

答：拔河训练和比赛中的动作要求两臂紧贴两肋，上身挺直，胸部前挺，两肩外展，收腹弹臀，脊椎直立，骶椎和尾椎下沉，拔河绳与人体上身呈垂直状，整个人体呈现前挺后凸的姿势，长时间进行拔河训练可以塑造挺拔身姿，有效防止青少年脊椎弯曲。

(2) 为什么说:田径基础和技能是拔河项目选材的主要依据?

答:田径项目主要体现人体力量、耐力、速度、爆发力和灵敏等身体素质和技能的综合运用。特别的是田径项目中的女子七项和男子十项全能,其主要动作结构和素质呈现均同拔河项目的"拉""沉""引""展""伸""挺""顶"和"蹬"高度相关。

(3) 高水平拔河教练员应掌握运动员的"三力"是指哪三个"力"?

答:一是"极限(绝对)拉力";二是"平均拉力(在单位时间内每分段拉力)";三是"一般拉力(10 分钟持久力)"。

图书在版编目(CIP)数据

拔河实用教程/平杰,杨德明主编.—上海:上海辞书出版社,2019(2025.8重印)
ISBN 978-7-5326-5457-4

Ⅰ.①拔… Ⅱ.①平… ②杨… Ⅲ.①拔河—教材 Ⅳ.①G898.1

中国版本图书馆CIP数据核字(2019)第249345号

拔河实用教程

平杰 杨德明 主编

责任编辑 周天宏
装帧设计 杨钟玮

出版发行 上海世纪出版集团
上海辞书出版社®(www.cishu.com.cn)
地 址 上海市闵行区号景路159弄B座(邮编201101)
印 刷 上海盛通时代印刷有限公司
开 本 720毫米×1000毫米 1/16
印 张 10
字 数 150 000
版 次 2019年12月第1版 2025年8月第8次印刷
书 号 ISBN 978-7-5326-5457-4/G·1044
定 价 35.00元